U0142612

美國家事法

紀欣　著

新版序

　　美國家事法是一個變化中的法律領域。在2002年5月本書出版後至今的七年中，隨著美國社會的演變、生殖科技的發達、民意與道德觀念的轉變，美國各州法律，不論是透過聯邦法院或州法院的判決，或經由聯邦或州的立法，對家庭與其成員的規範發生極大的變化。尤其，家事法對於一些特殊的議題，例如夫妻離婚時對退休金的分配、同性婚姻合法化、代孕安排，有較突破性的發展。因此，此版本除更新美國家事法的每一項領域，還增加了幾章專門議題的介紹，希望國內法律人及讀者能有興趣。本版最後一章所介紹之「配偶的繼承選擇權」雖不屬於家事法的範疇，但它攸關夫妻對婚姻財產的權利，又與婚前協議書有密切的關係，作者決定將其納入，以供讀者及民法繼承編修法者參考。

　　過去七年中，國內民間婦女團體繼續推動民法親屬編的修法，立法院除於2002年6月廢除聯合財產制，改以瑞士所得分配制為法定財產制，致使法定財產制中，除夫妻離婚時可平分剩餘財產之規定外，幾乎等同夫妻分別財產制之精神；又於2007年5月將原先之儀式婚變更為登記婚，子女姓氏改為由父母親書面合意定之，並大幅修正了收養法。儘管這些修法比較符合性別平等原則，但要如何避免夫妻之一方有脫產行為，危害到剩餘財產之分配，又該如何落實夫妻共同負擔家務勞動，確保母親有權要求子

女從母姓等等問題，仍有待法界人士與婦女團體繼續努力。尤其是在修法的過程中，裁判離婚的要件始終未能放寬，別居制也未能通過，這對不願再忍受婚姻卻無法讓對方同意離婚者是否公平，亦值得吾人深入檢討。

最後，感謝五南圖書出版公司給作者機會，將美國家事法的最新面貌呈現給國內讀者。

紀欣

寫於2009年1月

自　序

　　民國90年11月7日行政院院會通過民法親屬編部分條文修正草案，放寬裁判離婚的要件，夫妻因婚姻破裂而有難以維持共同生活的重大事由，不論有責、無責，夫妻任一方均可提起離婚之訴。草案並增訂夫妻不繼續共同生活達五年以上者，亦可提起離婚之訴。雖然如此大幅度的修正草案是否能在立法院過關，目前尚言之過早，但已引起國人高度關注。其實，持續關心民法親屬編修法者皆知，該修正草案是民法親屬編三階段修法的一部分。

　　近十年來，社會結構改變，女性意識抬頭，過去以男性利益為考量的傳統法律規定，受到婦女團體的質疑及挑戰，特別是以規範夫妻婚姻、家庭親子關係為主的民法親屬編。該法於民國20年施行，當時社會仍深受傳統文化影響，以致於處處不脫男尊女卑之架構，例如妻以夫的住所為住所、父母離婚後子女監護權歸父親，父母對子女親權行使以父親意思為優先，以及聯合財產之所有權、管理、使用、收益權利等，原則上均歸夫，違背兩性平等原則。

　　74年6月法務部雖第一次修正民法親屬編，惟修法幅度不大，經修正後之規定並未摒除重男輕女之思想，亦不符合社會發展之需要。之後，婦女新知基金會、台北市晚晴協會、台北律師公會婦女問題研究委員會乃共同組成「民間團體民法親屬編修正委員會」，決定整合民間共識召開修法會議，陸續舉辦公聽會、記者會，甚至透過具體確定判決案例聲請大法官會議解釋，突顯現有法律規定違背憲法兩性平等及性別歧視之意旨。之後，陸續出現大法官會議釋字第365號，有關父母權利行使不一致時，由

父行使的規定係屬違憲之解釋文，以及第410號關於74年修正聯合財產制新舊法適用違反憲法男女平等原則之解釋文。

民間婦女團體多年努力辛勞爭取修法的結果，迫使法務部開始規劃進行民法親屬編三階段之修法，第一階段針對大法官會議解釋第365號中民法第1089條親權行使之規定，並附帶將其他父母對子女權利行使之條文，一併修正或增訂；第二階段乃關於男女平權、別居、離婚相關條文之修正；第三階段則針對夫妻財產制及其他總則修正。目前第一階段修法部分已於85年9月完成修正，在父母子女權利義務關係上，一改過去父權優先原則，改採男女平等及子女最佳利益原則。第二階段則於87年6月修正夫妻冠姓及共同協議住所等較不具爭議性之條文，至於同階段關於別居及離婚原因相關條文，因為爭議頗多，又有鑑於夫妻財產制修正更形迫切，故擬先修正第三階段夫妻財產制後，再回過頭處理別居、離婚及其他親屬編條文。有關夫妻財產制修法部分，行政院雖已於88年7月通過以所得分配制作為法定財產制，並於同年9月送進立法院，但一年多來卻始終未出司法委員會之大門。

從現實面來看，儘速放寬離婚要件的確有助於解決國內數以萬計婚姻久懸未決衍生之社會問題，但另一方面，若僅僅放寬離婚條件而不先行或至少同時修正現行之夫妻財產制，恐將不但使修法美意落空，反倒造成更不公平之後果。儘管行政院此次放寬離婚條件草案規定，夫妻一方因離婚而生活陷於困難者，得向他方請求贍養費，但該草案同時規定只要贍養義務人因支付配偶贍養費，而不能履行其對直系血親的扶養義務或不能維持自己生活者，即不在此限。基於國內尚無法律有效防止惡意脫產，加上處理家事案件之法官仍多保守，處於經濟弱勢的妻子恐難爭取到贍養費。何況，現代婚姻已被視為平等之合夥關係，唯有早日制定公平合理之夫妻財產制及實際可行之相關配套措施，才是根本解決之道。

事實上，除了民法親屬編有關結婚是否改採登記制、離婚是否改採無過失責任主義或引進分居制度，夫妻在婚姻關係存續中之所得應如何分配、以及如何避免脫產等法律急須修正，隨著社會形態演變，新興的法律

事件層出不窮，包括同性戀是否能合法結婚？是否可以共同收養子女？夫妻在婚前婚後所簽署之協議書，以及同居人所簽署之協議書的有效性如何？乃至先進的人工生殖科技帶來父母親身分認定之法律爭議事件等，均考驗及衝擊著現有法律的執法者，以及未來修法、立法者的智慧。

在美國習法期間，作者即對美國1960年代開始制定的各項促進兩性平等之法令及判例深感興趣，並曾立志回國後將以推動兩性平等立法及修法為志業。可惜回國十三年來，所從事之法律業務大多為國際商務案件，在東吳大學法律系教授亦僅止於英美法課程，作者只能在參與國內婦女運動之際，為民間婦女團體推動「家庭暴力防治法」、「兩性工作平等法」之立法，及民法親屬編之修法工作稍盡心力。作者曾應「民間團體民法親屬編修正委員會」成員要求，多次介紹美國夫妻財產制。雖然該委員會最後礙於美國法制與我國法制相差過大，社會條件及習慣不同，未採納美國之夫妻財產制，而以瑞士所得分配制作為法定財產制藍本，但該委員會成員對於美國家事法之歷史演變及各項規範，特別是家事法庭之運作方式、專家證人在子女監護案件上所扮演之角色、子女扶養費之計算模式、夫妻財產制之精神及分配原則等深感興趣，並表示美國家事法各項規定即令短時間內並不適用，但的確有參考價值。尤其國內父母子女權利義務關係雖已於85年改採子女最佳利益原則，但法院在計算子女扶養費金額及強制執行上仍持保守態度，這不但降低修法之成效，亦使好不容易爭取到子女監護權的婦女朋友生活負擔加重。再者，行政院通過之所得分配制並未採納該委員會提出草案中之「自由處分金」及「脫產保全」兩項設計，使其在保障女性經濟權益的功能上大打折扣，將來是否能補正及何時能修法成功仍為未知之數。以上種種觸發作者撰文介紹美國家事法之動機，希望「他山之石，可以攻錯」，提供民法親屬編修法者、習法者、執法者，多一個思考的方向。

當作者一面找尋最新材料，一面構思寫作大綱時，即發現要介紹美國家事法（Family Law）其實相當困難。為達到既完整又精簡之介紹，作者在撰寫時採取以下幾個原則：

一、美國家事法內容廣泛，除我國民法親屬編之婚姻、父母子女、監護及
　　扶養等子題外，尚包括少年事件處理、虐待、疏忽及兒童福利制度，
　　就連生育權亦屬家事法之範疇。為讓國人對美國家事法有整體性之認
　　識，又感於少年事件處理及少年、兒童福利制度在國內日益重要，美
　　國之相關制度值得參考，乃決定將所有子題納入。

二、美國家事法屬於州法，各州在不違背聯邦憲法及聯邦立法的情況下，
　　對於州內之家事法令及案件判決有完全的自主權。也因此，各州家事
　　法往往有不一致之處。限於篇幅，本書只能就美國家事法做通盤介
　　紹，而無法針對各州法律一一介紹，書中如提及各別州法，僅因其有
　　特殊性，或為舉例說明之便。

三、美國家事案件一方面受到各州法令不一，一方面因其有特殊性（例如
　　子女監護權與扶養費在小孩未成年前得隨時更改，原審法院之判決不
　　算最終判決，州與州之間的互惠原則無法適用），若一方當事人遷居
　　別州，往往引發管轄法院及適用法不一的爭議。這些爭議及各種解決
　　爭議的辦法（例如各州採納民間「統一州法委員會」及「美國法律學
　　院」針對各項制度所撰擬之標準版本）皆為美國法制之特殊問題，恐
　　非國人所關心，但為求介紹完整，作者仍選擇稍加介紹。

四、美國是不成文法國家，儘管很多州已紛紛制定家事法或家庭關係法，
　　法院在審理家事案件時仍須遵循判例，其中聯邦最高法院之判決對全
　　國各州法院均有拘束力，其判決即為全國適用之法律，值得特別介
　　紹。至於近年來一些備受關注之新興議題，例如同性結婚、人工生
　　殖、代理孕母等，因尚未經聯邦最高法院審理，本書將介紹已經審理
　　該等案件的各州最高法院之判決。

五、為求讀者有機會直接瞭解美國法制中的法律用語，本書在第一次提及
　　特定用語時附有英文，但為節省篇幅，在重覆用語時，均不再附上英
　　文，讀者在閱讀中若有任何疑問，請參考書後之中英文名詞索引。

　　在逐章撰寫美國家事法的過程中，作者發現要讓國內讀者掌握美國家

事法之立法精神及法院判例，必須對美國法律制度作進一步的介紹，因此在完成家事法初稿之後，開始著手介紹美國法律制度之特點——普通法、法律雙元制度、陪審制度及對抗制度。又恐讀者難以體會聯邦最高法院判決的憲法依據，乃決定簡介聯邦最高法院在審查各州家庭關係的立法，以及各州最高法院的判決是否違憲案件時，一再引用的法律正當程序、法律平等保護與隱私權等三原則。至於美國憲法「人權法案」中之言論自由、宗教自由等其他重要人權保障，讀者請可自行參閱其他書籍。

過去十幾年，國人涉入美國家事訴訟案件逐年增加，而當事人或協助當事人的國內律師，往往因對美國訴訟程序認識不夠，多有捉襟見肘之慨，本書又加入針對美國法院、民事及刑事訴訟程序的簡介。作者必須聲明，本書第一編並未對美國法律制度做完整介紹，其目的僅在希望讀者閱讀家事法時，對美國訴訟程序及判例依據有基本認識。如該編第五章簡介能讓國人對當事人進行主義、對抗制度、交互詰問及專家證人等制度有較多認識，或可收無心插柳之效。

最後，涂秀蕊律師一再鼓勵作者撰寫及完成此書，在初稿完成後又詳加審閱並提供寶貴意見，作者在此獻上由衷的感謝。

紀欣

寫於90年12月初

contents 目錄

第二編　美國家事法

第一編
美國法律制度

第一章
美國法律制度的特點

美國的法律制度基本上採用「普通法」（common law），亦稱不成文法。普通法是指法官在判案時，並非依據成文法典，而是依據一般習慣、實務原理、同一管轄區內的上級法院，甚至聯邦最高法院的判決而判案。

由於我國的法律制度屬於大陸法系亦即成文法系，與普通法系有不少顯著的差異，讀者在進入美國家事法介紹以前，有必要對美國的法律制度，特別是其制度中幾個重要的特點有所認識。

本章將介紹美國法律制度中最具特色的普通法傳統、法律雙元制度、陪審制度及對抗制度。法院之判例加上聯邦及各州制定的法律，構成美國法律整體之內容，而陪審制度及對抗制度則展現出美國訴訟之特色。讀者在了解美國法律制度這幾項特點後，必將能更清楚為何第二編家事法介紹中，一再引述聯邦最高法院的判決，為何州法不能違背憲法及聯邦立法，以及律師與陪審團在美國訴訟中扮演的角色。

第一節　普通法

一、歷史背景

美國的普通法源自英國傳統，很多未編為法典的慣例，經過長期發展，成為規範人民權利義務之法規及原則，亦成為各地法院所引用作為其判決之依據。因此，普通法又稱為「判例法」（case law），與經過立法程序的「成文法」（statutory law）有所不同。美國普通法絕大部分源自解決人民與財產爭議的英國普通法，只是，近百年來，美國聯邦政府和各州政府紛紛立法，過去的風俗和習慣已被融入聯邦和各州的法典之內。因此，嚴格而論，美國的普通法已非純粹的不成文，已注入大量成文的

混合體。世界上其他採用普通法的國家有蘇格蘭、愛爾蘭、加拿大（魁北克除外）、澳洲、紐西蘭。

　　「大陸法」（continental law）是世界上另一個重要之法律體系，起源於羅馬帝國，19世紀拿破崙雄霸歐洲時，下令把法國當時混亂之風俗和法例，重新編彙，成為著名的《拿破崙法典》（Napoleonic Code）。直到現代，《拿破崙法典》仍是法國的法制藍本。其他歐洲大陸國家採用之法制與法國的相差不多，因此該法制統稱為「大陸法」。其他採用大陸法系的國家還有拉丁美洲、日本、南非、俄國及中東國家，我國亦為採用大陸法系的國家之一。

二、普通法的特色

　　普通法最大的特色，在於法官有解釋法律的權利與權力。在美國，法律往往在通過法院解釋，明確其真意之後，才能成為法律。一般而言，法官不會主動解釋任何立法或行政命令，或調查任何立法或行政命令是否違憲，而是當有人要求法院解釋某一項立法或行政命令之真意，或決定該立法或行政命令是否合憲時，法官才加以解釋並決定其合憲性。

　　在決定法律意義時，法官有兩種方法。第一，如果法令本身清楚、不含糊，法官會直接採用其文字的意義，此即「直接意義規則」（plain-meaning rule）。如法律文字本身含糊不清，法官即須先行了解立法者的動機與理由，再確定法律的真意。法官必須透過判決書解釋法律的真意，而下級法院在審理案件時，必須遵循同一管轄內上級法院的判決，此即「遵循判例原則」（principle of stare decisis）。

　　由於聯邦最高法院的判決對所有聯邦地區法院、上訴法院，以及五十個州的各級法院均有拘束力，因此，聯邦最高法院的判例，自然成為全國適用的法律。例如當聯邦最高法院判定警察無故進入民宅，所搜得之物品不得當作呈堂證據，這就成為一項法律，任何州法及法院判決均不能違背。難怪普通法國家中的律師在訴狀中或在口頭辯論時，最常引述的就是相關判決，特別是同一管轄區內的最高法院，或聯邦最高法院的判決。

儘管美國的法院必須遵循判例，但聯邦最高法院與各州最高法院，可視社會情勢變更而改變之前的判例。聯邦最高法院改變判決的案例並不罕見，其原因主要是該院在解釋美國憲法時態度十分靈活，希望不同時代的判決，能及時反應當代美國社會的民意與世界思潮的轉變。

大陸法制度下，法官所作的判決通常只適用於本案，判例雖可供其他法院和法官參考，但並沒有決定性的效力。換言之，在採行大陸法的國家中，只有立法機構有制定法律的權力，法官則只能按成文法典辦事。不過，近年來，判例在大陸法系的國家也愈來愈受到重視，下級法院參考上級法院判例的情況亦日益增加。

其次，普通法制度下的訴訟採用「對抗制度」（adversary system），雙方當事人的律師承擔主要的責任，而大陸法系統下的法官權力則比較大，他負責詢問證人及主導訴訟程序，而律師所扮演的角色，則不若在普通法系來得重要。

儘管世界兩大法系有以上各項差異，但從近年來各國法律制度的發展來看，兩大法系早已相互影響，世界上已無純粹的普通法國家，或純粹的大陸法系國家。

首先，在普通法系國家，立法機構制定的成文法日愈增加。以美國為例，目前大部分的州已自行制定民法、民事訴訟法，而所有的州政府均訂有刑法及刑事訴訟法，只是法官在判案時仍然大量引用判例，因為在普遍法制下，法律未經法院解釋，往往沒有意義。而且，法官在審理案件時，所扮演的角色也愈來愈積極，特別是在決定系爭內容及指示陪審團方面。

其次，在大陸法系國家，法院對判例愈來愈受重視，法院在審理案件時，也逐漸採納對抗制度，允許交互詰問，律師也因此逐漸扮演更積極的角色。

第二節　法律雙元制度

美國是聯邦國家，其特徵為聯邦政府及各州政府在各自權力範圍內，對等而獨立。美國憲法將政治權力分配與聯邦及各州，聯邦政府所能行使

的權力，以憲法有明文規定者為限，而其他未明文授予聯邦政府之權力，均保留由各州政府行使。經過兩個世紀的發展及轉變，美國聯邦政府的權力愈來愈集中，管理的事宜亦愈來愈廣泛，以致有人稱美國聯邦制度為「新聯邦主義」（New Federalism），但美國的法律制度，不論是其司法制度或立法制度，基本上仍保持「雙元制度」（dual system）。

一、立法制度

美國憲法授予國會（參議院、眾議院兩院）立法權力，規範聯邦政府各級機構之權限，並授權聯邦機構擬訂及採納聯邦的法規。美國每一州的州議會，可依據該州憲法之授權制定州法，而州法授權州政府機構擬訂及採納州的法規，並授權州內的郡政府或市政府當局通過地方性條例。各州、郡或市政府雖有權自行制定法規或條例，但任何立法或規定，均不可抵觸聯邦法規及聯邦憲法。

聯邦法與州法之間的互動關係極為複雜，某些領域，例如移民、破產，僅限由聯邦法律規範，有些領域，例如家庭關係、繼承，則只能由州法規範，而有些領域，例如解決爭端的仲裁，則可由聯邦法律或州法予以規範。

美國各州立法大量增加，導致傳統普通法的一致性受到破壞，而因各州法律不一，造成的爭議愈來愈嚴重。為解決這種各州法律不一所造成之困擾，美國有團體開始研擬適用於全國的統一（或稱標準）法典。一個是「全國統一州法委員會」（The National Conference of Commissioners on Uniform State Laws），它是由各州官方代表組成。另一個是「美國法律學院」（American Law Institute），它是單純的民間協會，由律師、法學教授、退休法官組成。

1952年，由「全國統一州法委員會」研擬的《統一商法》（Uniform Commercial Code，簡稱UCC）出籠，所有州（除路易斯安那州外）均採用了該版本內容，制定州的商法。在家事法部分，各州亦紛紛採用及通過內容大致相同之家庭法或家庭關係法，使各州的差異逐漸減小，國會亦在

一些有必要全國一致化的事項上，通過立法方式，解決各州法律不一產生的爭議。

二、司法制度

由於聯邦制度的本質，美國採行二元化之法院系統，除各州有自己之法院系統，聯邦尚有一個全國性之聯邦法院系統。有關詳細之法院組織及其管轄，請參閱本編第三章。

第三節　陪審制度

美國法律制度中另一個重要的特色是「陪審制度」（jury system），它是普通法傳統的產物，但美國憲法增修條文第6條已明文保障，刑事被告有權要求由陪審團裁決之審訊。

陪審制度在西方社會歷史悠久，阿里斯多德的名著《希臘憲法》中所述及的陪審，與現在的陪審制度即十分相似，美國的陪審團定為十二人，這個人數早在英國十三世紀時即確立。

一、陪審員的產生方式

美國所有陪審員均以抽選方式產生，大部分州是在汽車牌照登記記錄中抽選，有的州是在選民登記簿中任意抽選。在法律上，擔任陪審員是美國公民的權利及義務，僱主亦有義務讓員工放下工作出任陪審員；但由於出任陪審員須花不少時間又會干擾工作，並非每一位公民都甘心樂意出任陪審員。

挑選陪審員的程序十分複雜。市民收到通知後，要在特定時間到法庭聽候挑選，挑選過程由雙方律師主導。律師及法官均有權詢問候選人的背景，與對一些特定事物的看法，陪審員必須據實回答，律師及法官從陪審員的回答，決定是否要他當陪審員。這種訊問挑選的過程，稱為voir dire，法文的原意就是「說實話」的意思。

雙方律師有兩種「排除」（challenge）他不喜歡，或認為對己方不利的陪審員的權力：一是「有理由的排除」（challenge for cause），只要理由充分，法官同意，雙方律師即可以排除候選人；二是「毋須理由的排除」（peremptory challenge）。有些州的民事或刑事訴訟法明文規定，律師能使用以上兩種方法排除候選人的次數，有些州則由法官視個案而決定。雙方律師均可以使用這兩種方法，排除他們認為對己方不利的陪審員，原告與被告得到的待遇是一樣的，但這種挑選方法曠日費時，往往妨礙庭審的效率。

二、法官控制陪審團的方式

既然陪審員均為未受過法律訓練的一般市民，他們如何作出適當裁決，顯然與法官在有陪審團之庭審中所扮演的角色關係重大。基本上，法官控制陪審團的方法有以下四種：

1.法官可依據證據法，限制陪審員在庭審中所能聽到之證詞。

2.法官可限制陪審團須考量之議題，通常法律議題由法官決定，而事實認定則由陪審團決定。

3.法官指示陪審團適用的法律及其定義。陪審員既為一般外行人，法官的指示對陪審團之裁決影響重大。

4.法官可在陪審團尚未裁決前先行判決，或在陪審團已作出裁決後加以否決。

依上，要如何區分法律與事實，法官應如何下達陪審團指示，以及法官在何種情況下能推翻陪審團之裁決，在陪審制度中就變得很重要。

（一）法律與事實之區分

法律與事實之差別看似簡單，其實不然。通常當法官認為某一議題太複雜，或易遭誤解，就稱其為法律議題，由自己作決定。一般而言，只要法官作得還算合理，不至於嚴重削減陪審制度的功能，這種策略是被允許的。

（二）陪審團指示

陪審團的功能在發現事實，然後應用適當的相關法律作出裁決。法官在庭審最後，以指示方式告訴陪審團那些議題該由他們作決定，以及應採用的相關法律。美國目前大部分的州法院針對不同性質之案件，均有標準版的陪審團指示，因此法官不必為每一個案件製作一套指示。律師亦可主動向法官建議指示內容，通常是將標準版稍作修改以符合個案需求，這也是對抗制度的一部分，每一個律師均可要求法官引用對自己有利之指示，但最後決定權仍在法官。

（三）法官推翻陪審團之裁決

庭審開始後，法官可以同意一方當事人所提出之「直接判決動議」（motion for directed verdict），亦可在陪審團作出裁決後，同意一方當事人提出之「不顧陪審團裁決動議」（motion for judgment notwithstanding the verdict）。最後，法官可以在庭審最後階段宣布，擱置陪審團之裁決，並重新開審。

法官之直接判決，通常發生在法官認為由雙方呈堂的證據，已可判斷誰贏誰輸，陪審團無須再作裁決。法官不顧陪審團作出之裁決而加以改判，通常發生在法官認為陪審團的裁決在法律上是錯誤的，或在事實認定上是不合理的。由於以上兩種方式均直接威脅到陪審的功能，各州法律對法官行使這兩種權利均有所限制。

在某些特殊情況下，法官可以選擇重新開審，以糾正原審中之錯誤。重審必須有正當理由，法官不能因為不喜歡陪審團之裁決而要求重審，法官通常只能在發現審理中有人犯錯，或有律師或陪審員行為不檢，或發現新證據時，才能要求重審。

三、陪審團的裁決

刑事案和民事案中的陪審制度大致相同，但裁決的標準則有所不同。在刑事方面，按聯邦政府和大部分州的制度，十二名陪審員必須達成「全體一致的決定」（unanimous decision），方能裁決（奧勒崗州的刑事案，

十對二即可裁決）。民事的陪審團，則只要達成大多數的共識即可裁決，例如加州是九對三，奧勒崗州則是十對二。

　　無論在刑事或民事案件中，如果陪審員僵持不下，無法達成全體一致的決定或一定比例之共識時，即形成「懸而未決的陪審團」（hung jury）。當法官宣布懸而未決時，會同時宣布審訊無效，該案須重新開庭並選擇新的陪審團。

　　刑事案件中對陪審員達成共識之要求，比民事案件的要求高得多，這是基於刑事被告一旦被定罪即將失去人身自由，重大刑案甚至會處以死刑，所以陪審團達成一致共識，對被告的罪行毫無疑問，定罪才算公平。這與刑事案件採用「毫無合理的懷疑」之審判標準，而民事案件則只須採「證據的優勢」之審判標準的精神是一致的。

四、陪審制度的優缺點

　　陪審制度的優點是把原本以生硬、機械方式，解決爭端的法律制度，引進彈性及人性化之判斷，但該制度亦出現很多引人爭議的問題，例如陪審員可能因同情一方當事人，或厭惡另一方當事人，或被律師熟練的辯才或技巧所操縱，作出不正確的裁決。就因陪審制度有這些弊端，很多國家已紛紛取消陪審制度，例如英國在大多數民事訴訟中已排除陪審制度，只有美國至今仍在民事訴訟中保留陪審制度。

　　美國近年不少陪審團的裁決，令社會大眾感到疑惑及不滿，甚至有人指出陪審團制度已經失控。然而，民調顯示，大多數美國人仍然相信該制度背後的精神和原則，也認為由十二位普通人做決定，可能會比一位專業人士做決定出錯的機會較低。總之，陪審制度在美國雖然遭受極大的挑戰，但其地位至今仍屹立不搖。

第四節　對抗制度

　　美國在政治組織上之三權分立、互相制衡的結構，是為避免政府的

權力過大以致成為極權專制。同樣地，美國為避免濫訴，或擔心政府的司法權力過大，扼殺個人的權利和自由，特別將其訴訟程序設計為「對抗制度」，亦稱當事人進行主義。

對抗制度之原理，是認為要找出一件刑事或民事官司的真相，最好的辦法即由代表訴訟雙方之律師盡全力為各自當事人辯護，而真相自然會在雙方律相互挑戰、質疑中呈現。對律師而言，訴訟是一場冗長、艱鉅的戰鬥，而法官的功能則是權威的維持秩序者，以確保戰鬥能公平進行，雙方在遵守規範下進其最大努力。簡言之，要實施這種對抗制度，人民對法院的程序及律師的能力必須具有充分信心。

一、刑事案件中的對抗性制度

為保障被告的人身自由和權利，美國的刑事制度建立在各自獨立的檢察官、法官、陪審員和辯護律師身上（付不起律師費的被告，有權要求法庭為他聘請公設辯護人或免費的辯護律師），並由各方構成的一個互相制衡的對抗制度。

（一）檢方

檢察官是政府的代理人，他的工作是要實現政府的目的，亦即處罰罪犯，以及預防犯罪。照道理說，檢察官既是政府的代理人，他在辦案時就必須嚴格遵守法律，把真正有罪的嫌犯定罪，而非將所有被抓到的嫌犯定罪。但在實務上，檢察官為達到讓人定罪的目標，有時不惜在辦案的過程中，犧牲嚴格執法與伸張正義之基本原則。這或許是人性使然，但亦反映出檢察官辦理刑案經常遭遇的兩個問題：第一，由於檢察官的工作是讓人入罪，他們很容易推論大部分的嫌犯確實有罪；第二，由於檢察官的考績決定於定罪率之高低，檢察官無形中被鼓勵盡量讓嫌犯定罪。

（二）辯方

辯護律師在庭上所扮演的角色則完全不同。辯護律師是被告權利的擁護者，要求控方證明其案件毫無合理的懷疑。為達此目的，他必須攻擊檢

方所提出的證據，質疑檢方證人的可信度，並出示相反證據，讓陪審團懷疑檢方所提證據，不足以讓被告定罪。憲法中的「民權法案」之所以賦予刑事被告各項權利，是因為制憲者相信，如果政府要懲罰被告，至少應該依照法律來。

辯護律師的角色有時很尷尬，很多人會問公設辯護人：「你怎麼可以替那種人辯護？」，其實在刑事司法制度中，辯護律師的角色是要確保政府不濫用權力，侵犯被告合法的權利。簡言之，對抗制度就是要讓辯護律師有能力，保護被告法律賦予之權利。

對抗制度有兩個保護刑事被告對抗政府濫用權力的策略。策略一是經由真實發現程序，減少審判中出人意料之外的事。聯邦最高法院認為檢方有義務向被告揭露證據，特別是足以定罪的證據；相反地，被告有緘默權，法院不能要求被告作證。這是因為個人的權力及資源遠不及政府，讓檢方多揭露些證據，可減少因兩者資源差距所可能造成的不公平。

策略二是檢方有「舉證責任」（burden of proof）。理論上，陪審團的無罪裁定，不代表被告無辜，因為被告無需證明自己無辜，舉證責任完全在檢察官身上，如果檢察官無法證明被告有罪，就無法讓被告定罪。辯護律師有時強調被告是無辜的，但那只是一種策略，其實他只要讓陪審團對檢察官所提證據產生一定懷疑，就可證明檢方未完成其舉證責任，被告應被無罪開釋。

二、民事案件中的對抗性制度

美國憲法對民事被告的保障不如刑事被告，例如民事被告沒有緘默權，審判的標準亦不相同，但民事訴訟亦採取對抗制度。雙方律師可利用真實發現程序，儘量找尋對自己當事人有利之證據，而庭審過程更充分展現出對抗制度的特色。

審判中，原告有舉證責任，證明被告侵害原告之權利，致使原告有損害。原告舉證後輪到被告舉證，反駁原告之指控。雙方律師可分別傳訊證人支持其主張，並可詰問對方傳訊之證人，藉以暴露其證詞不可信。這種

「交互詰問」（cross-examination）的目的是希望釐清真相，使法官或陪審團作出正確判斷。

庭審中，雙方律師不僅應提出對己方有利之證據，還應利用整個庭審，自開場白到詢問證人到結辯，為其當事人編造一套完整的故事，證明其當事人在事實上及法律上均站在正義的一方。

法律不允許律師說謊，亦不准許證人做偽證，但法律同時要求律師必需與其當事人採相同立場，將最有利的證據呈堂，並設法駁倒對方的證據。為達此目的，律師有時會玩弄一些花招，例如教導當事人或證人如何穿著得體以取信於陪審團，或指導當事人及證人如何回答問題，以博得陪審員的同情，或讓陪審員相信當事人及證人的證詞是誠實可信的。另外一個有效方法是在對方律師詢問證人時，隨時向法官提出「抗議」（objection）對方律師的詢問，以達到干擾對方的目的。總之，雙方律師可在合法範圍內，採取一切對自己有利的方法，為其當事人贏得勝訴。

三、對抗性制度的優缺點

從以上介紹可知，對抗制度得以發揮功能，必須是雙方當事人均聘有適任、盡責的律師。而現實生活中，由於當事人的財力、資源不同，所能聘請到的律師（或刑事案件中之義務律師），在實務經驗上及專業能力上往往差異很大，難免導致不公平的結果。這似乎是對抗制度難以避免的問題。

第二章
美國憲法對人民的法律保障

美國聯邦的成文憲法為美國之根本大法，不但樹立美國政府制度之骨架，並且提供人民法律保障。憲法對人民之法律保障，有的直接來自憲法條文，有的則是透過聯邦最高法院對憲法的解釋，以確保憲法賦予人民的權利不受到政府的侵犯。美國聯邦或各州的法律，一旦被聯邦最高法院判為「違憲」（unconstitutional），即須立即修法。各州法院的判決，如被上級法院，特別是聯邦最高法院，認為違背憲法中的任何一項規定，亦可予以撤銷。

基上，讀者在進入美國家事法介紹之前，有必要對美國憲法中對人民的各項保障有所認識。讀者在了解美國憲法對人民的保障，特別是本章以下所介紹的法律正當程序、法律平等保護及隱私權後，必將對於本書第二編中聯邦最高法院與各州法院對家事案件的判決，以及各州家事制度的原則，有較深入的理解及體會。

第一節　人民的自由權

美國聯邦憲憲法於1789年3月施行後，制憲人士鑒於人民權利之保障未在憲法中有明文規定，遭受批評頗多，國會乃隨即於同年9月通過十條增修條文，並於1791年12月獲得各州批准而付諸實施。此十條憲法增修條文被稱為「權利法案」（Bill of Rights），其中包括最受人注意的言論及宗教自由權，以及對刑事被告的各項保障。

一、權利法案

「權利法案」內所列舉的人民自由權利，包括下列各項：

第1條：人民有信仰宗教之自由、言論與出版自由、和平集會自由及向政府請願的權利；

第2條：人民有攜帶武器的權利；

第3條：人民有居住自由，軍隊在平時不得占用民房；

第4條：人民有保護其身體、住所、文件與財產的權利，不受無故拘捕、搜索與扣押，政府非依法定程序，不得簽發搜索票、拘票或扣押狀；

第5條：人民有受陪審團審判的權利，一次犯罪不得受二次處刑，刑事犯不得被強迫出庭作證，政府不得未依正當法律程序剝奪人的生命、自由或財產，非有相當賠償，不得將私產徵為公用；

第6條：刑事被告有受陪審團迅速公開審判的權利，被告有知道被指控之性質與理由的權利，有與對造證人對質之權利及有延聘律師辯護之權利；

第7條：凡經陪審團審判的事件，除普通法另有規定外，任何法院不得第二次審理；

第8條：在一切案件中，法院不得要求過多的保證金，亦不得科以過重的罰金，或處以殘酷及非尋常的刑罰；

第9條：不得因本憲法列舉某種權利，而認為人民所保留的其他權利，可以被取消或忽視；

第10條：憲法所未授與聯邦或未禁止各州行使的權力皆保留於各州或人民。

二、權利法案的擴充

前述十條增修條文雖然很快地付諸實施，但在實際執行上遇到極大的問題，那就是從增修條文的文字本身，無法看出憲法要約束的政府，究竟僅為聯邦政府還是包括各州政府；要約束的法律，究竟僅為聯邦的法律還是包括各州的法律。這個模糊其實並非出於偶然或無心之過，而是制定

增修條文之際，州主權派者實力較為強大，聯邦政府不敢強力主張聯邦至上，只好將解釋權留給聯邦最高法院。

南北戰爭之後，美國聯邦派實力增強，在1865年至1870年之間通過的第13條至第15條增修條文，不論在實體上或程序上，均較能全面地保障人民的自由權，特別是增修條文第14條中的「法律正當程序」（due process of the law）及「法律平等保護」（equal protection of the law）二法則，影響最為重大。甚至有人說，第14條增修條文的制定，才使第一次所通過的十條增修條文，發揮出應有的功能。

第二節　法律正當程序

美國憲法保障的權利基本上可以分成兩種，一種是「程序權利」（procedural rights），它是指當政府對某一個人或某一種人採取行動時，應該遵守一定的法律程序；另一種是「實質權利」（substantive rights），它是指政府不能侵犯個人一些特定的自由權，不管程序是否合法。程序權利主要包括憲法增修條文第5條與第14條中的法律正當程序，以及第14條的法律平等保護。

一、法律正當程序之涵意

憲法第14條增修條文中明文規定：「任何州政府不得在沒有法律正當程序下，剝奪人民的生命、自由或財產」，這使原本僅針對聯邦政府的限制（依據第5條增修條文）擴大到各州，從此任何政府機關均不能在未給予人民法律正當程序的情況下，剝奪人民的生命、自由或財產。

法律正當程序的設計，是為確保美國政府在執行政策及制定法律時，注意到公平性及持續性。考察政府是否遵守法律正當程序，通常涉及兩個問題，一是政府所影響的權利，是否為憲法所保障的生命、自由或財產權，另一是什麼樣的程序合乎法律正當程序。

二、哪些權利應被保障？

　　每一個人的生命、自由或財產應受到憲法保障。有關生命部分，聯邦最高法院除曾考量死刑是否正當外，也在1973年女人爭取墮胎權的案件 *Roe v. Wade*[1]判決中表示，胎兒並非憲法中的「人」，所以不具有要求正當程序的權利。

　　自由權保障每一個人有人身自由，所以檢警不得任意搜索扣押，必須經由一定程序辦案。自由權包涵的範圍很廣，當政府要終止父母的監護權，或強制監禁精神病患，或否決犯人的假釋權，或限制一個人必須居住在同一個州多久才有投票權時，都得考慮該行為或立法是否剝奪了當事人的自由權。簡言之，政府在採取任何限制人民自由權的行動或制定相關法律時，必須遵守一定的法律正當程序。

　　陪審權利是美國司法制度的重要權利，但有些州法院認為憲法第6條增修條文並未規定陪審員人數，因此無須遵守十二位陪審員的慣例。對於此一爭執，聯邦最高法院已明確表示，陪審員人數不得低於六位，否則即剝奪了被告的陪審權利，亦違反憲法第6條增修條文。從該判決可知，聯邦最高法院認為陪審制度，也是保障人民自由的必要措施。另外，經由聯邦最高法院對於法律正當程序的擴張解釋，各州不得制定溯及既往之法律，以免影響刑事被告之權利，被告亦有聘請律師與保持緘默之權利。

　　財產權包括有形的及無形的財產，過去聯邦最高法院把「財產權」（property rights）分成「權利」（right）及「特權」（privilege），前者受到正當程序保護，後者則無，但近年來此二者之區分已愈來愈小。另外，自1960年代起，美國人在擁有「無形財產」（intangible interests）的權利（例如各種執照、政府就業機會、取得政府契約的權利）上，受到的保障愈來愈大。

　　美國人民的隱私權亦受到法律正當程序的保障。1965年以前，美國聯邦最高法院在不同案例中，解釋人民的隱私權來自憲法第1、3、4、5及9等增修條文，但*Roe v. Wade*案判決中，聯邦最高法院明確表示，隱私權是

---

[1]　*Roe v. Wade*, 410 U.S. 113, 93 S.Ct. 705.

憲法增修條文第9條保留給人民的權利。

三、法律程序是否正當？

依據英美法的傳統，一講到正當程序，就會想到開庭審理，因為幾乎所有人都認為只有通過合法的通知、證據呈堂、交互詰問證人、雙方各有律師等程序才算正當，其實，美國政府不可能在所有人民權利受損的案件上採取這種方式。

聯邦最高法院在1976年的 *Mathews v. Eldridge* [2]案中，對政府所採取的程序是否正當、充分，建立了三個考量標準。

第一、什麼權利將受到影響？通常權利愈大、愈重要，需要的程序就愈多。

第二、政府犯錯的機會有多大？政府增加程序，是否可減少犯錯？通常政府犯錯的機會愈大，程序就應愈完備；政府增加程序能減少犯錯的機會愈大，就愈應該增加程序。

第三、政府的目的何在？政府加強程序，是否會產生行政或財務上過重的負擔？倘若政府的目的十分重要，增加程序又將對政府造成過重的負擔，法院通常會採取較通融的立場。

第三節　法律平等保護

依據憲法第14條增修條文規定，任何州均不得拒絕給予管轄內任何人法律平等保護，該原則亦適用於聯邦政府，聯邦政府如對人民作「不合理的區別」（unreasonable classification），即違反憲法第5條增修條文中有關法律正當程序的規定。

法律平等保護並不保障每一個人得到一樣的待遇，而是保障每一個「情況近似」（similarly situated）的人，能得到同樣的待遇。另外，法律平等保護有其侷限。第一、它只限制政府不得有所歧視，而不能限制私人

---

[2]　*Mathews v. Eldridge*, 424 U.S. 319 (1976).

行為。第二、它只限制政府在制定法律、執行政策、舉辦活動時不能有所歧視，但它並不要求政府主動偵辦及糾正私人的歧視。第三、政府只要有合法的目的，即有權對某一種人作差別待遇，例如政府規定滿六十五歲的人才能領取社會福利金，而六十五歲以下的人則無此資格。

一、審核平等保護之三標準

憲法賦予政府有權為保障公眾利益，把人作必要之「區分」（classification），因此，傳統的理論認為，只要政府的立法或行政措施，與其目的之間有「合理關係」（rational relationship），即使對某些人不公平，並不違反法律平等保護的原則。這種理論不僅給予各州政府廣泛的立法權，又讓受害人負有舉證責任，除非受害人能成功地在法院證明政府的立法違憲，州的立法均被視為合憲。事實上，立法是否為公眾利益所必要，只有政府最清楚，政府通常可以冠冕堂皇的理由加以搪塞，被害人要想舉證成功極為困難，這使憲法對人民法律平等保護的理想難以實現。

近年來，聯邦最高法院在處理一些「可疑類別」（suspect class）（因種族或原始國籍易受歧視者），或牽涉到「基本人權」（fundamental right）案件時，改採「嚴格審查標準」（strict scrutiny），評定州政府在涉及限制基本人權，或對可疑類別有差別待遇的立法或政策時，是否具有「迫切必要的政府利益」（compelling government interest）。如州政府無法證明其立法或措施有迫切必要的政府利益，就將面臨立即修法，或改變政策的命運。聯邦最高法院也將這類案件的舉證責任，從受害人轉向州政府。

另外，針對性別歧視及一些非關基本人權，但又攸關人民重要權利的案件，聯邦最高法院在合理關係及嚴格審查標準之間，又設立了一個「中間審查標準」（intermediate review），要政府證明其相關立法或措施具有「重要之政府目標」（important government goal），或「顯著之政府目的」（substantial government purpose）。

二、法律平等保護之適用範圍

　　聯邦最高法院設立三種分析標準，雖有助於釐清政府的分類或差別待遇是否違憲，但問題依然存在，很多法律及政策表面上看似中立，其目的或產生的效果卻是歧視的。例如1976年*Washington v. Davis*[3]案，聯邦最高法院經過嚴格審查，判決只要就業資格限制是中性的，不能僅因錄用的少數民族人數不成比率，就認定有歧視待遇。該案後，只要州政府能證明其立法或措施並無「歧視目的」（discriminatory purpose），即不構成違憲，但要人民證明政府有歧視目的，其實十分困難。

　　法律平等保護另外一個受重視的領域，是聯邦最高法院如何看待「強制性補正措施」（affirmative action）。反對強制性補正措施的人主張，政府既然不該對任何人有差別待遇，就不該對任何人有特別優待。支持強制性補正措施的人則主張，為彌補長期人為歧視所造成的不公平，強制性補正措施有其必要及正當性。聯邦最高法院在1978年的*Regents of the University of California v. Bakke*[4]案，判決加州州立大學對少數民族可設定比較優惠的入學政策，但1989年的*City of Richmond v. J. A. Croson Co.*[5]案，聯邦最高法院又否決了強制性補正措施。

第四節　隱私權

　　美國憲法對人民的保障除源自條文中之明文規定，美國聯邦最高法院認為憲法還包涵許多其他保障，其中最重要的就是「隱私權」（right of privacy）。

一、憲法依據

　　由於隱私權並未在憲法任何一條條文中被提及，故聯邦最高法院究竟

---

[3]　*Washington v. Davis*, 426 U.S. 229 (1976).

[4]　*Regents of the University of California v. Bakke*, 438 U.S. 265 (1978).

[5]　*City of Richmond v. J. A. Croson Co.*, 488 U.S. 469 (1989).

如何發現憲法中對隱私權的保障，始終是美國法律學者關心的議題。

學者從許多大法官的判決書中，歸納出隱私權有以下幾個來源：

1.第1條增修條文保障每個人有表達自己意見的權利，為執行這個權利，人民必須自我學習及作選擇。

2.第1條增修條文同時保障人民有透過集會自由達到參政的權利，大法官認為只有當每個人可自行選擇集會的性質，並有秘密活動的自由，才算真正有集會的自由。

3.第3條增修條文禁止軍人在平時進入私人家中，顯然政府無權侵犯個人的空間。

4.第4條增修條文規定，政府在刑事案中必須禁止警察在未取得搜索令或非緊急狀態下搜索任何人，這顯然說明每一個人對自己的隱私有一定的權利，任何人不得任意侵犯。

5.第9條增修條文規定，不能因憲法列舉之權利，而否決或剝奪人民原有之權利。此條文的真意長期被爭論，但大法官在*Roe v. Wade*案判決中，認為它說明了人有一些在憲法中未明文規定的基本人權。

聯邦最高法院的歷任大法官，融合以上各種來源並加以延伸，終於創造出一種新的基本人權——隱私權。

二、隱私權之發展

大法官伯朗戴斯（Justice Louis Brandies）在1928年*Olmstead v United States*[6]案判決中說：「憲法的起草者保證每一個國民有追求快樂的權利，而不被人管，正是文明人最廣泛及最珍貴的權利。」

（一）父母對子女的權利與隱私權

隱私權最重要的兩個早期案件是1923年之*Meyer v. Nebraska*[7]，以及

---

[6]　*Olmstead v. United States*, 277 U.S. 438 (1928).

[7]　*Meyer v. Nebraska*, 262 U.S. 394, 43 S.Ct. 625 (1923).

1925年之*Pierce v. Society of Sister*[8]。在*Meyer*案件中，拉布拉斯加州禁止學生在八年級前學習外國語，在*Pierce*案中奧勒岡州要求所有學生讀公立學校。聯邦最高法院認為兩案中的州法，均侵犯了父母對自己子女教育方式的決定權，父母教養子女是家庭關係的延伸，應受到保障。大法官麥雷諾斯（Justice James McReynolds）並在*Meyer*案判決中表示：「自由不只是免除身體的限制，它也是每個人訂約、工作、取得有用知識、結婚、成家立業、生養子女、依據自己意志信仰上帝及享受普通法中對任何自由人追求快樂的特權。」

（二）婚姻與隱私權

婚姻是隱私權的一種，聯邦最高法院在1967年*Loving v. Virginia*[9]案判決中表示，維吉尼亞州法禁止白人與黑人通婚的規定違憲。1971年*Boddie v. Connecticut*[10]一案，聯邦最高法院主張離婚為基本人權，康州法律要求窮人必須繳付離婚費用才得申請離婚的規定構成違憲。雖然大法官在那兩件案件中，均採用了其他憲法根據（例如*Loving*案中的平等保護，*Boddie*案中的法律正當程序），但法官在兩個案件中都認定婚姻乃基本人權，所以州政府不應限制任何人結婚或離婚的自由。

（三）生育與隱私權

生育權是否為隱私權，是隱私權領域最重要的發展，也引起最大爭議。*Meyer*及*Pierce*兩案攸關政府是否有權控制人的心理，而生育權則在挑戰政府是否有權控制一個人的身體。聯邦最高法院審理生育權的第一個案件是1942年的*Skinner v. Oklahoma*[11]，聯邦最高法院判決，奧克拉荷馬州規定犯下兩起以上罪行的罪犯應被強制結紮是違憲的，大法官表示生育權是一個人最基本的人權，不可被剝奪。

----

[8] *Pierce v. Society of Sisters*, 268 U.S. 510 (1925).

[9] *Loving v. Virginia*, 388 U.S. 1 (1967).

[10] *Boddie v. Connecticut*, 401 U.S. 371 (1971).

[11] *Skinner v. Oklahoma*, 316 U.S. 535 (1942).

　　1960年代，生育權成為隱私權領域中最受注目的權利。1965年 *Grisworld v. Connecticut*[12]聯邦最高法院判決，康州限制已婚夫婦使用避孕藥的法律違憲，因為它侵害了已婚者的隱私權，因而違反法律正當程序。之後大法官在1972年的*Eisentadt v. Baird*[13]案進一步宣布，法律禁止未婚者使用避孕藥亦屬違憲，因為這樣的規定歧視未婚者，違反平等保護。

　　*Roe v. Wade*案的判決，將隱私權帶到一個新的境地。大法官在判決書中表示，隱私權「大到包括女人有權決定是否終結自己的懷孕」，其理由為：婦女在懷孕最初三個月內施行墮胎手術，與其懷孕足月生產，所承擔的風險是同樣的，因此在此段懷孕期間的婦女，應有完全的自由決定是否墮胎，法律不宜加以限制，但墮胎手術必須由合格醫生施行。在懷孕第二個三個月期間，墮胎對母親危險性增高，因此只有為保護懷孕婦女健康之情況下，才能施行墮胎。至於第三個三個月期，胎兒一般在六個月之後，即使脫離母體，亦有生存之可能，因此基於對胎兒的保護，除非生產對母體有危險，否則孕母不得墮胎。

　　自*Roe v. Wade*案後，聯邦最高法院審理墮胎權的案件雖幾經波折，遭到社會保守勢力、宗教團體的挑戰，但基本上對生育為人的隱私權之立場從未動搖過。有關生育權的詳細法律保障，請參閱第二編的介紹。

- - - - - - - - - - - -

[12] *Grisworld v. Connecticut*, 381 U.S. 479 (1965).

[13] *Eisentadt v. Baird*, 405 U.S. 438, 92 S.Ct. 1029, 31L. Ed.2d 49 (1972).

第三章
美國法院

　　美國聯邦憲法確定美國政府三權分立、互相制衡之原則。儘管憲法中沒有任何條文授予聯邦最高法院「司法審查權」（judicial review），但1803年著名的*Murray v. Madison*[1]案，確立了聯邦及州的立法是否合憲，應由司法機關審查的原則。司法審查是指法院有權覆核法律或政府行為是否違反憲法，如屬違憲，即使之無效的一種制度。美國聯邦最高法院、其他聯邦法院及州法院，不僅有權對法律的合憲性進行審查，對法院判決亦可進行審查，任何法院判決如被認定違反憲法的任何一項規定，即可予以撤銷。

　　美國司法制度淵源於英國，英國的法院大體上可分為三級，美國也採取三級制。所不同的是，英國是單一國家，司法系統一元化；美國是聯邦國家，司法系統二元化。美國聯邦政府有一個全國性的聯邦法院體系，而五十個州則各有各的法院體系。聯邦法院有權審理屬於聯邦法律管轄的事項，但當原告與被告屬於不同一州的居民，且其系爭金額在美金七萬五千元以上時，聯邦法院通常亦有權審理。只是州政府對家庭關係有完全之管轄權，即使夫妻二人屬於兩個不同州的居民，聯邦法院仍然無權處理他們的離婚、分居、財產分配以及子女監護權等案件。

　　基上，本書第二編家事法中所引述之聯邦法院案例，基本上均為在各州最高法院敗訴者，向聯邦最高法院上訴，挑戰其所在州的立法違憲，或違背聯邦法律的案件，而非一般家事案件。

第一節　聯邦法院的組織

　　依據美國聯邦憲法的規定，第一屆國會於1789年即建立聯邦司法制

----

[1]　*Murray v. Madison*, 5 U.S.（1 Crouch）137, 2L.Ed. 60 (1803).

度。此制度的結構分為三級：底層為「聯邦地區法院」（Federal District Court），中層為「聯邦上訴法院」（Federal Court of Appeals），頂端為「聯邦最高法院」（Federal Supreme Court）。

一、聯邦地區法院的組織

聯邦地區法院為一般聯邦案件的第一審法院。國會依據法律在全國設置九十九個地方司法區，包括波多黎各（Puerto Rico）、哥倫比亞（the District of Columbia）、關島（Guam）、北海島（Northern Mariana Islands）及處女島（Virgin Islands）五個特區（見圖3-1）。

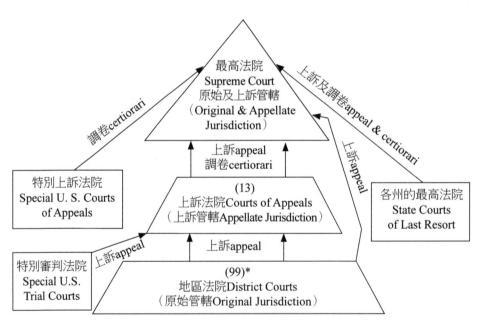

*包括散布在五十個州的九十四個聯邦地區法院，及分別位於哥倫比亞特區、波多黎各、關島、北海島及處女群島的五個地區法院。

資料來源：Bodenheimer, Edgar. An Introduction to the Anglo-American Legal System, Readings and Cases, Second Edition, St. Paul, MN: West Publishing Co., 1988.

圖3-1　美國聯邦法院組織及上訴至最高法院流程

　　每一州至少劃為一區，有半數以上的州有一個以上的司法區，每一個司法區設有一個地區法院，各地區法院的組織大小，原則上以司法區地域大小及人口多寡為準。因此，小州的地區法院，如猶他州（Utah）的地區法院，只有一位法官，而紐約州南區的地區法院則有二十七位法官。

　　聯邦地區法院開庭審理訴訟，通常由法官一人主持，1976年前法律規定聯邦地區法院審理有關法令是否合憲的案件時，須組織三人庭審理，現在則僅限於極少數案件。另外，聯邦地區法院如遇有十分重大案件時，該法院之法官可選擇「全部出庭審理」（en banc）。

二、聯邦上訴法院的組織

　　在聯邦地方法院之上，為聯邦上訴法院。美國共有十三個聯邦上訴法院，其中十一個分布在十一個「巡迴區」（circuit），各以數字代名，另外兩個巡迴區，一個設於哥倫比亞特區（District of Columbia），處理大部分政府的訴訟案件，另一個則為特別上訴法院，稱為「聯邦巡迴區」（Federal Circuit）（見圖3-2）。

　　大體上，巡迴區的劃分均配屬相當的地方司法區，使各聯邦上訴法院的工作量不致過分懸殊，編制亦大體相同，但其中最忙碌的包括紐約州的第二巡迴區（處理最多的商務案件），及最大的第九巡迴區（包括加州），該二區的法官人數均比其他巡迴區多。

　　聯邦上訴法院的案件通常由三人組成之合議庭審理，遇有重大案件，則由全體法官合議審理之。每一巡迴區法院有一位負責行政事務的首席法官，他通常為所有法官中最資深者，但又未超過六十五歲。聯邦上訴法院為一嚴格的上訴法院，其上訴管轄權極為廣泛，所有經聯邦地區法院最後判決的案件，都可向聯邦上訴法院提起上訴。

　　由於經過上訴後的案件，僅極少數重要者，始得再向聯邦最高法院上訴，故聯邦上訴法院在美國司法制度中，擔任了絕大多數案件的終審工作。同時，聯邦上訴法院又經授權審理行政裁定的上訴案件，因此，聯邦政府獨立委員會的命令，亦直接由聯邦上訴法院予以覆核。

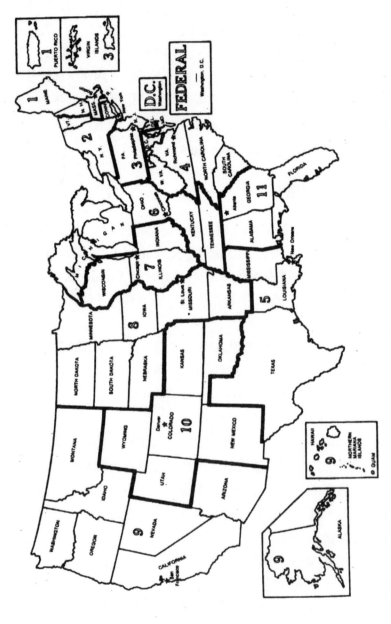

★ 該巡迴區總部城市

資料來源：Bodenheimer, Edgar. An Introduction to the Anglo-American Legal System, Readings and Cases, Second Edition, St. Paul, MN: West Publishing Co., 1988.

圖3-2　美國十三個聯邦巡迴區分配圖

三、聯邦最高法院的組織

　　聯邦最高法院是美國司法體系的頂端，設於美國首都所在地華盛頓，由九名大法官組成，其中一人兼任院長（Chief Justice）。聯邦最高法院審案時間為每年10月初至次年6月底。每一件案件均由所有大法官共同審理，法定最低出席人數為六位。聯邦最高法院依法對少數案件有初審權（例如以州為一造當事人之案件），但其性質屬於上訴機構。

　　由於聯邦最高法院為美國最高審判機構，在美國司法體系中的地位極為重要，尤其它可以解釋美國憲法條文，這就難怪有人說「大法官說什麼是憲法，什麼就是憲法。」

第二節　聯邦法院的管轄

　　法院在審理一個案件時，必須同時具有「案件管轄權」（subject matter jurisdiction）及「個人管轄權」（personal jurisdiction），前者讓法院有權審理系爭性質的案件，後者則允許法院有權力約束系爭之當事人或系爭之財產。

　　如上所述，美國的司法制度二元化，何者專屬於聯邦法院，何者兼屬於聯邦法院及各州法院，及何者專屬於州法院，由法律定之。現行法規定聯邦法院對於使節、海商、破產、移民、以聯邦為當事人的案件，以及州與州之間的訴訟案件，有「專屬管轄權」（exclusive jurisdiction），至於其他案件（非家庭關係及繼承案件），則與州法院有「共同管轄權」（concurrent jurisdiction）。

一、聯邦地區法院的管轄

　　聯邦地區法院的民事管轄權十分廣泛，它包括：(1)海商和海事案件；(2)戰時在公海捕獲的案件；(3)國內稅法及關稅法下所產生的案件（但專屬於關稅法院或專利上訴法院者不在此限）；(4)在郵政、州際商務、專利、著作權、商標等法律下所發生的案件；(5)有關人民自由權的案件；

(6)破產案件；(7)向美國政府因契約求償案件；(8)由美國政府或其授權之官員提出的一切民事案件；(9)在美國憲法、聯邦法律或美國所訂立的條約下所發生的案件；(10)在家庭關係及繼承案件之外的「不同州民之間的訴訟」（diversity of citizenship jurisdiction），或一州人民和外國之間的訴訟。

　　以上第(9)及(10)兩項的案件，系爭標的在美金七萬五千元以上者，聯邦地方法院和州法院有共同管轄權，在七萬五千元以下者，當事人則無權在聯邦地方法院提出告訴。如原告在訴訟標的美金七萬五千元以上的案件中，選擇在州法院起訴，被告在開始審判前，得提出理由要求「移轉」（removal）至聯邦地方法院審判，但只要州法院已開始審理，被告即不得提出此種要求。

　　對於刑事案件，聯邦地方法院只能審理被告觸犯了聯邦刑法的案件。

二、聯邦上訴法院的管轄

　　聯邦上訴法院的主要任務是受理不服聯邦地區法院判決的上訴案件。上訴至聯邦最高法院的案件，原則上必須經過聯邦上訴法院，但亦有例外，例如不服聯邦地區法院組織特別庭判決的案件，以及不服各州最高法院的判決，均可直接向聯邦最高法院上訴。

　　聯邦上訴法院雖然不是終審法院，但下列案件一經聯邦上訴法院判決後，除非聯邦最高法院特別予以接受，否則一律不得再上訴：(1)不同州民之間的訴訟；(2)收關刑法、專利法、著作權法、破產法、國內稅法的案件。該規定是希望減少聯邦最高法院之負荷，也因此，聯邦上訴法院在理論上雖非終審法院，但在實務上卻是絕大部分案件的終審法院，地位十分重要。

　　另外，聯邦上訴法院對於聯邦政府各獨立委員會，如「州際貿易委員會」（Interstate Commerce Commission）、「全國勞工關係局」（National Labor Relations Board）等所頒布的行政命令是否適法，負有直接覆核之責。

三、聯邦最高法院的管轄

　　聯邦最高法院兼具初審管轄權及上訴管轄權。依聯邦憲法規定，有關大使、公使、領事之案件，以及各州為當事人之案件，聯邦最高法院有初審管轄權。除此之外，聯邦最高法院的任務乃在接受上訴。

　　聯邦最高法院上訴案件的來源有二：一是不服聯邦上訴法院判決的案件，一是不服各州最高法院所判決的案件。但不服上述法院判決的案件是否可上訴聯邦最高法院，法律定有嚴格的限制，並非所有案件均可上訴於聯邦最高法院。

　　原則上，經聯邦上訴法院審理的案件只有在涉及聯邦憲法問題，或國會所制定之法律或訂立之條約是否合憲，或各州憲法或法律是否違背聯邦憲法時，始可上訴至聯邦最高法院。至於各州最高法院的判決，原則上應屬於終審，唯有當案件涉及「聯邦問題」（federal question）時，始可上訴至聯邦最高法院。

　　美國人很早就體認到，唯有限制人民上訴至聯邦最高法院的權利，才能讓聯邦最高法院正常運作，避免重要案件被延誤。國會於1925年通過法案限制上訴權，從此聯邦最高法院可自行決定是否接案。只有當聯邦法令被法院判為違憲時，當事人才有上訴權，其他90%以上的案件必須提出特別及重要的理由，先取得「調卷令」（writ of certiorari），才有機會被聯邦最高法院審理。

　　一般而言，聯邦最高法院在行使自由裁量權時，主要是以公眾利益為最大考量。曾任聯邦最高法院院長的休斯（Chief Justice Charles E. Hughes）說：「最高法院覆核權的行使，所注意者是法律整體的利益，而非特定當事人的利益。」

第三節　州法院的組織

　　美國有三十六州的法院採三級制，十四州法院採二級制。各州法院的名稱及分級標準不盡相同，往往造成困擾。

一、概要

　　各州通常在法院的最底層設有「警察法庭」（police court）、「交通法庭」（traffic court）及「小額索賠法庭」（small claims court），處理金額較小之民事案件及刑罰較輕微之刑事案件。這些法院一般均非「記錄法院」（courts of record），他們只保留當事人及律師的身分與案件最後處理的結果，開庭程序亦不十分正式。敗訴的一方可以上訴至同法院中的上一階層或初審法院，但嚴格說來這與一般上訴不同，因為初審法院將重新開庭審理案件，而並非審核下級法院的判決。

　　初審法院通常稱為「審判法院」（trial court of general jurisdiction），有權審理一般民事及刑事案件，它保有完整的記錄及正式的程序。有些州稱初審法院為「地區法院」（District Court），有的州稱之為「高等法院」（Superior Court），而紐約州的初審法院名為「最高法院」（Supreme Court），往往讓人誤以為它是紐約州的最高法院，其實它是一般初審法院，而紐約州最高法院則稱為「上訴法院」（Court of Appeals）。有些州的初審法院中又分不同部門，例如家事法庭審理離婚、家庭關係或子女監護案件，繼承法庭審理遺產繼承案件。

　　在初審法院之上的是上訴法院，對一些只有二級制法院的州而言，上訴法院即為最高法院。上訴法院所審理的案件，均為初審法院上訴的案件，它可以同意、否決或改變原來的判決。有些案件，律師可以不等到初審法院判決即以「非常上訴」（extraordinary writ）方式，直接要求上訴法院指揮初審法院（例如改變審判地點），或禁止初審法院繼續審理。

　　美國目前有三十六州有中間上訴法院（intermediate appellate courts），它們的角色因各州規定而異。有些州規定不服初審法院判決的人，必須先上訴至中間上訴法院，如仍不服其判決，才能再上訴至州的最高法院。有些州則規定某些重大案件在初審敗訴後，即可直接上訴於最高法院，又有些州規定大部分案件只能上訴至中間上訴法院，唯有少數特殊案件才能再上訴於最高法院。這些限制條款內容雖有所不同，但目的不外希望州的最高法院不至於積案過多。

二、加州法院

加州人口眾多，占全美國人口15%，其法院制度為典型的三級制，值得特別加以介紹。

加州法院分成兩種，即「審判法院」（trial court）和「上訴法院」（court of appeals）。

在民事案件方面，加州有五十八個「郡」（county），每一郡皆有一個初審法院（superior court），對所有民事案件有案件管轄權。該初審法院又依案件索賠金額多寡，分成兩類，一是「有限制的民事案件」（limited civil case），另一種是「無限制的民事案件」（unlimited civil case）；低於美金二萬五千元的民事案件，受到《有限制民事案件經濟訴訟法》（Economic Litigation for Limited Civil Cases）的約束，超過美金二萬五千元以上的民事案，屬於無限制的民事案件。每一個初審法院都附設「小額債務法庭」（small claims court），處理原告索賠及法庭判賠金額，不超過美金七千五百元的案件。

郡的初審法院之上有州的「上訴法院」（Court of Appeals）。因為加州地大人多，全州分為五個上訴區，每區有一個上訴法院，審理在初審法院敗訴後上訴的案件。

上訴法院再上一層是州的「最高法院」（California Supreme Court），位於加州首府聖奎門投市（Sacramento），由七個法官組成，負責審理民事、刑事和州憲法的上訴案件。除與「聯邦問題」有關的案件外，加州最高法院是所有歸加州管轄案件的終審法庭。華裔陳明在1995年當上加州最高法院法官，是該院第一位華裔法官。

第四節　州法院的管轄

任何法院要審理一個案件時，必須先確定它是否對案件具有案件管轄權，以及對當事人有個人管轄權。

一、案件管轄權

由於每一個州的法院均具有「一般管轄權」（general jurisdiction），只要非專屬於聯邦法院管轄的破產、移民等案件，州法院均可受理，因此案件管轄權對各州法院通常不是問題，反倒是聯邦法院只能審理法律特許的案件，其「案件管轄權」受到極大限制。

如上所述，聯邦法院的民事「案件管轄權」包括：(1)海商和海事案件；(2)戰時在公海捕獲的案件；(3)國內稅法及關稅法下所產生的案件（但專屬於關稅法院或專利上訴法院者不在此限）；(4)在郵政、州際商務、專利、著作權、商標等法律下所發生的案件；(5)有關人民自由權的案件；(6)破產案件；(7)向美國政府因契約求償案件；(8)由美國政府或其授權之官員提出的一切民事案件；(9)在美國憲法、聯邦法律或美國所訂立的條約下所發生的案件；(10)在家庭關係及繼承案件之外的「不同州民之間的訴訟」，或一州人民和外國之間的訴訟。對於刑事案件，聯邦地區法院只能審理被告觸犯了聯邦刑法的案件。

二、個人管轄權

「個人管轄權」在大部分案件中皆很單純，原告應在被告的所在州提出告訴。但如果原告提告的州法院並非被告所在的州，或被告不是自然人而是法人，起訴法院是否對被告有個人管轄權，就可能產生問題。針對這個問題，聯邦最高法院主張任何起訴的州對被告至少要有「足夠的最少接觸」（sufficient minimum contact），才不違反憲法中的公平、正義原則。至於什麼構成「足夠的最少接觸」，則依個案情況決定，通常是指被告與該州之間有一定的關係，它或許是系爭發生地，或是系爭物所在地，或是被告在該州境內收到傳票，或是被告予以答辯或出庭應訊。

由於美國人經常遷移，起訴的州法院對被告是否具有個人管轄權的爭議不斷，特別是家事案件的當事人，往往為選擇對自己較有利的州法，不惜故意搬家，因此州法院在處理家事案件時，首先要確定的就是它是否對被告有個人管轄權。

第四章
美國民事訴訟

訴訟是以法律解決人與人之間爭議的機制，而訴訟法則是該機制的結構。美國的家事案件除涉及家庭暴力的案件屬於刑事案件，其他皆屬於民事案件。因此，要了解美國家事案件的審理過程，必須先對美國民事訴訟程序規範有所認識。

美國民事訴訟程序極為複雜，與一般大陸法系國家之民事訴訟程序大不相同，加上聯邦有聯邦民事訴訟法，五十州又各有各的民事訴訟法，更使民事訴訟流程複雜化。限於篇幅，本章僅能概要地介紹所美國民事訴訟程序，讀者欲詳知美國聯邦或某一州之民事訴訟程序，仍須進一步查詢聯邦或特定州之民事訴訟法。

第一節　法院管轄權

任何法院在審理民事案件時，必須同時具有案件管轄權及個人管轄權，前者讓法院有權審理系爭性質的案件，後者則允許法院有權力約束系爭之當事人或系爭之財產。

一、個人管轄權

限制法院個人管轄權的來源有兩個，一是各州的法規，二是美國聯邦憲法。

有關州法限制，每一個州政府都對個人管轄權有所規範，而該些規定必須符合憲法要求。絕大多數州的規定為以下四項：(1)被告出現在起訴州，並被親自送達傳票；(2)被告住在起訴州，並把該州當作他的永遠性「居所」（domicile）；(3)被告同意起訴州的管轄權，例如提出答辯或出

庭應訊；(4)被告的一些行為，讓起訴州的「長肩法」（long arm statutes）對其有管轄權。

有關憲法對個人管轄權的限制，主要有兩個，一是被告與起訴州之間必須有關係，以期符合法律正當程序；二是被告必須以合理的方式被通知到。有關前者，傳統上起訴州必須對被告有實際的執行權，現代則只要求起訴州與被告之間有「足夠的最少接觸」，而且其管轄權不至於牴觸「傳統的公平原則及顯著公正」（traditional notions of fair play and substantial justice）。

二、案件管轄權

美國的司法制度二元化，何者專屬於聯邦法院，何者兼屬於聯邦法院及各州法院，及何者專屬於州法院，由法律定之。現行法規定聯邦法院對於使節、海商、破產、移民、以聯邦為當事人的案件，以及州與州之間的訴訟案件，有「專屬管轄權」，至於其他案件（除家庭關係及繼承案件外），則與州法院有「共同管轄權」。詳見本編第三章介紹。

第二節　起訴及答辯

美國法律並未規定只有律師能提出訴訟，任何人均可在訴訟中「代表自己」（pro se），但由於訴訟程序複雜，除小額債務案件，一般人均會聘請律師。

一、起訴

原告律師在接受當事人聘任後，第一件必須做的事即為選擇適當的法院，然後在該法院提出「起訴狀」（complaint），一一陳明原告受損害之事實、控告被告之理由、法律及判例依據，最後提出原告要求之損害賠償及／或懲罰性之損害賠償。為求完整及具說服力，原告律師通常會將相關證物附於狀後。

在美國，離婚必須經過州法院的判決，整個程序與一般民事訴訟相同，只是自從各州通過無過失離婚法後，起訴狀多改成「結束婚姻申請狀」（petition for dissolution）申請離婚的一方配偶從「原告」（plaintiff）改稱為「申請者」（petitioner），另一方配偶從「被告」（defendant）改為「回應者」（respondent），申請者僅須填寫「不可調解的歧異」（irreconcilable differences），或「不能挽回的破裂」（irretrievably broken），作為訴請離婚的理由。

二、送達

原告在向法院提出起訴狀後，必須根據所在州適當的送達手續，將起訴狀及法院的「傳票」（summons）送到被告手上。各州民事訴訟法對送達均有一套嚴格的要求，除非原告可證明起訴狀已經合法送達給被告，訴訟案不算開始。如果被告在另外一個州或在國外，原告即須依據起訴州的民事訴訟法規定，進行外州或外國送達[1]。

三、答辯

被告必須在收到合法送達的起訴狀後，一定期限內（除特殊案件外，一般是三十天）提出「答辯狀」（answer），否則就被視為「放棄答辯權利」（waiver），在法律上又稱為「未應訊」或「缺席」（default）。如果被告缺席，而且索賠金額確定又合理，法官可接受原告單方面的要求，對案件「一造判決」（default judgment）。

如被告認為起訴狀程序不合（如起訴法院對該案無管轄權，法院地點不便利，送達不完全等），可向法院提出「撤銷動議」（motion to dismiss），要求法院不受理該訴訟。如程序不是問題，被告則可挑戰起訴狀內容不具充分之法律根據，法院不應受理。

---

[1] 如被告為臺灣之個人或公司，為使美國判決能在臺灣執行（見民事訴訟法第402條規定），原告律師必須透過專人在臺送達，或請美國國務院轉送美國在臺協會，再送達給在臺之個人或公司。

如果被告找不到法院應撤銷案件的理由，或撤銷動議被法院否決，被告即須針對起訴狀所提出之指控一一反駁。有時被告會承認起訴狀中之一些事實，但主張原告之陳述並非完整之事實經過，被告有不同的認知。被告亦可在答辯時，對原告提出「反訴」（counter-claim），或「告其他被告」（cross-claim）。

四、補充狀及各種動議

原告與被告雙方均可在一定時間內，提出「補充狀」（supplemental brief），進一步說明事實經過，或提出補正或增訂之起訴狀或答辯狀，增加或修正原起訴狀或答辯狀之陳述或索賠，亦可增加原告或被告。另外，當事人可在開庭前、開庭審理中、甚至陪審團作出裁決後，提出各種不同性質的「動議」（motion），要求法官對案件中的事項作各種不同的處理。

第三節　開庭前的程序

在美國民事訴訟的程序中，在法官正式開庭審理前，雙方律師必須進行一個漫長複雜的「發現真實程序」（discovery）。而法官在正式審理前，可因發現原告之控告理由不合理而主動將案件撤銷，亦有權在審閱雙方訴狀後即做成「簡易判決」（summary judgment）。

一、簡易判決

當法官認為案件中所提事實並無爭議時，即可以簡易判決結案，宣布一方勝訴。法官可將全案完全依簡易判決結案，或僅處理案件中一部分的爭議，以減少不必要審理的爭議，或排除某些不必要的當事人。

簡易判決不但減少法院開庭審理的開銷，亦使忙碌的法院不致於延誤其他重要案件之審理。如果法官所作的是部分簡易判決，亦可減少雙方之間的爭議事項並加速結案時間。即使雙方已進入發現真實程序，甚至已蒐

集到相關證據，法官仍可簡易判決結案。

二、發現真實程序

「發現真實程序」是美國民事訴訟程序中最具有特色的程序，它的目的是讓雙方當事人及法院，在開庭前了解爭議的真實狀況，以減少雙方爭議的事項，並希望能藉此促成雙方當事人在開庭前就能和解。

這個由雙方律師主導的「發現真實程序」，原告及被告律師可使用的方法有以下五種：

1.「**書面詢問**」（interrogatories）：任何一方律師可要求對方當事人以書面回答各項相關問題，進一步澄清原告在起訴狀中提出之指控，以及被告在答辯狀中提出之答辯。為避免律師提出過多或不相關的問題，各州訂有不同的限制規定，對方律師亦可以問題與案件不相關為由拒絕作答。

2.「**檢查及提供文件**」（inspection and production of documents）：任何一方律師可要求檢查對方當事人相關文件，並要求對方提供相關文件，證明當事人在起訴狀或答辯狀的陳述屬實。如上所述，律師要求對方提供的文件必須與案件有關，否則對方律師可拒絕提供。

3.「**要求承認事實**」（request for admission）：任何一方律師可要求對方當事人承認起訴狀或答辯狀中一些並無爭議的事實，以減少法院在開庭時必須審理之爭議事項。

4.「**接受醫療檢查**」（examination）：如果一方當事人之身體或精神狀態與案件有關，對方律師可要求該當事人接受相關之醫療檢查，以確定其身體或精神真實狀況。由於醫療檢查往往令人不舒服甚至帶來痛苦，因此，此種方法只適用於當事人，證人則不能被迫接受醫療檢查。

5.「**口頭詢問**」（deposition）：任何一方律師可要求對方當事人及證人在雙方律師面前被口頭詢問，並由有執照之「法院記錄員」（court reporter）全程以速記方式記錄下來，打成一本記事錄，送交法院。口頭詢問與當堂作證很相似，只是沒有法官在現場，律師亦不可交互詰問。

律師須將所有經由「發現真實程序」，所得到的資料及詢問記錄交

給法院，以便法官在正式開庭審理案件之前，對本案有初步了解。一般案情愈複雜的案件，律師使用真實發現程序的態度就愈積極，雙方律師皆希望經由各項方法，獲取對他方當事人不利之證詞及證據[2]。雖然被要求之一方律師，可以與本案不相關為由，拒絕提供資料或前往接受口頭詢問，但只要法院認定該等資料或該些證人與本案有關，即可發出「傳喚命令」（subpoena），要求對方當事人或證人照辦。

美國法院對雙方當事人在「發現真實程序」上的配合要求相當嚴格，一旦發現一方不願合作，即可以藐視法庭處罰之。對原告而言，最嚴重的懲罰是案件被法官撤銷，而對被告最嚴重的懲罰，則是法官一造判決。

三、庭前會議

待一切「發現真實程序」完成後，原告律師可向法院申請開庭。為增加法官的辦案效率，法院規定雙方律師必需參與一系列的「庭前會議」（pre-trial conference），決定相關資料及證據，並決定案件進行的程序。庭前會議隨著召開的時間不同，有不同的功能。

在訴訟初期，法官可以召開「發現真實程序」會議，讓雙方當事人協商「發現真實程序」的進度及範圍。在接近開庭前，法官可召開庭前會議，要求雙方律師，有時甚至要求當事人出席，協商庭審的程序。

庭前會議通常依慣例及法官之意思進行。會議中，雙方律師必須同意無爭議之事實、簡化議題、交出傳喚證人名單、以及同意開庭進度，若雙方不能就以上事項達成協議，法官得裁定之。

庭前會議另外一個主要目的即在鼓勵當事人在開庭前達成和解。法官通常可利用庭前會議，勸說、鼓勵或施壓，促使雙方在開庭前達成和解協議。

---

[2] 此程序對外國當事人而言，可說相當不利。對方律師不但會要求外國之當事人書面回答大量問題，並要求提供大量相關文件，並將傳喚當事人與所有相關證人赴美接受口頭詢問，光是旅費及翻譯費即相當可觀，更不要說當事人因不熟悉真實發現程序，其回答極可能對案件造成不利影響。

第四節　開庭審理

在法院正式開庭審理案件前，律師得選擇是否要有陪審團，如果有一方提出陪審團的要求，雙方律師就必須進行陪審團員的挑選工作。

正式開庭後，雙方律師可傳喚當事人、相關證人及專家證人出庭作證，作證者並須接受對方律師交互詰問。在一切證據呈堂後，雙方律師可作結辯，然後由陪審團或法官判決。

一、庭審程序

美國電影、電視及新聞中所描述的庭審，均為訴訟過程中最精彩的部分。現實上，僅有一小部分的民事案件會進入庭審，但庭審的確是訴訟程序的高潮。美國原始的庭審制度可上溯數世紀前英皇在法庭親審案件的慣例，但美國現代的庭審，則完全依據美國聯邦或各州的民事訴訟法進行。

美國庭審程序有兩個特色。首先，庭審是對抗制度發揮極致之所在；雙方律師為庭審之主角，各自為當事人的立場辯護。其次，當事人多半選擇在陪審團前進行庭審，因此陪審成為庭審程序的一個重要部分。

庭審之目的是尋求真相，但要在對抗制度下及陪審團前，找出事實真相，又能顧及庭審之效率，實在不是一件容易的事。庭審所須時間，因案件的性質及複雜度相差甚遠。一般較小的案件，例如個人傷害索賠案件，或違約案件，律師僅須傳訊幾位證人，在半天內即可完成庭審。商品瑕疵或仿冒案，律師可能須要傳訊幾位專家證人，庭審就可能須耗時數週。如碰上反托拉斯或反種族歧視的案件，由於案情複雜，庭審則可能必須持續好幾個月才告完結。

原告負有舉證責任，因此原告律師應先行陳述其「開場主張」（opening statement），然後提出各項證據，支持其主張。舉證責任反映出法律之基本原理，任何人對別人的指控，均須有足夠的證據支持。若雙方均未盡其舉證責任，被告即勝訴，因為原告無法證明被告有任何責任。若陪審團認為雙方的舉證相當，亦應裁決被告勝訴，因為依據民事案的審判

標準——「證據的優勢」（preponderance of evidence），原告必須證明被告至少有51%的比例，曾經違約，或其行為曾經構成侵權行為，才能取得勝訴。

民事案件庭審中，雙方律師均可傳訊當事人、相關證人或專家證人以支持其主張，並可交互詰問對方傳訊之證人。最後雙方各做「結論」（closing statement），再由法官請陪審團秘密討論，並提出票決結果。在沒有陪審團的情況下，法官或許需要較長時間考慮，而非當庭做出判決。

二、呈堂證據

法院如何取得證據，由民事訴訟法及證據法規範。民事訴訟法規定舉證的程序及方法，而證據法則規範何種證據得以合法提出。

（一）舉證程序

大多數之證據經由證人在法庭上作證得之。證人在法庭上宣誓後，先由己方律師發問，引導證人說出證詞，再由對方律師交互詰問，以驗明證詞之可信性。在對方律師詢問證人時，另一方律師可隨時依法提出「抗議」，要求法官阻止證人回答問題，或要求法官將證人已經回答之證詞自記錄中刪除。

美國法庭中證人作證的經過，或許不若電影中那麼戲劇化，例如很少有證人無意中露出不利於己方的證詞，或因情緒崩潰而哭泣，大多數律師均能一步步引導其證人，說出對己方有利的證詞。

在傳訊證人之外，呈堂證據可包括文件及證物。有時證人（尤其是專家證人）得以圖、表、影片甚至電腦報表解釋其證詞，如所提文件太過繁複，亦可加以摘要後再呈堂。

（二）呈堂證據的原則

證據法旨在平衡。法庭一方面准許雙方提出所有可證明己方立場之證據，但另一方面希望雙方能重點舉證，以增加審判效率。另外，法庭在採用證據時必須遵守「排除條款」（exclusionary rule），不允許當事人提出

與案件無關的證據，有些證據因其特性，容易產生誤導作用，雙方律師亦不得提出。總結以上，呈堂證據的原則如下：

1.證據必須與案件判決相關：當一方當事人提出與本案不相關之證據時，法官得排除該項舉證，證據是否具「相關性」（relevancy），成為法院採證的第一個重要考量。

2.不能採用「傳聞」（hearsay）：傳聞係二手傳播，說話的人既未到庭接受對方律師詰問，法官及陪審員無法證明其所言是否真實，自然不能採用。

3.不能採用誤導證據：有些證據雖與案情有關，甚至是重要的證據，亦不能被採用。這主要是因該證據對案件裁決雖有幫助，但危害會更大。例如「性格證據」（character evidence）確可說明一個人在遇見某種情況時，可能會產生的反應，但它不足以說明他平時的表現，而且這種證據一旦提出，很容易誤導陪審員的認知。

4.違法取得的證據應被排除：法律寧可犧牲有些對尋求真相有幫助的證據，而不願破壞其他法律的原則，因此所有違法取得的證據不得呈堂。

第五節　上訴

民事案件，任何一方不服法院判決，均可「上訴」（appeal）。在聯邦法院及有兩個層級上訴法院的州法院，第一級上訴法院必須受理來自初審法院之上訴案，但第二級上訴法院則可自由裁量受不受理上訴案。

一、上訴程序

上訴程序的目的不在保障程序完美無缺或判決正確，而是要確保訴訟程序的基本價值。上訴法院通常糾正的是初審法院，在程序法上或實質法上，犯了錯誤，造成重大的不公平。但上訴法院必須作得有效率，並以盡量不干涉原判，以及不造成判決延誤為原則。

大部分州皆訂有「最終判決規則」（final judgment rule），因此上訴

法院只能審理初審法院已作出判決之案件,少數州則允許原告或被告在初審法院尚未終審前,針對審判中的一些錯誤,或有損其權利之事項提出上訴,要求重新審理。

二、上訴法院之限制

上訴法院的審理權有以下幾項限制:

第一、上訴法院基本上只能回答上訴者所提出之疑問,它不能主動審核初審法院的判決,必須等到有人上訴才能審理。即使有了審理權,它也僅能針對當事人所提出的爭議(必須是當事人在初審時質疑過的問題),加以審理。

第二、上訴法院不能考量在初審法院法官未曾考量過的事實,這是因為上訴法院僅看到初審的部分紀錄與律師的上訴狀,它不能聽取證人之證詞或取得其他證據,很難對個案之事實作認定。

第三,上訴法院通常只能考量足以改變原判的爭議,至於一些枝節就算確實有所瑕疵,只要與判決無關緊要,即不被考慮。這也說明除非必要,上訴法院是不願輕易改判的。

第五章
美國刑事訴訟

　　美國家事案件雖多屬於民事案件，但其中之家庭暴力、虐待或性侵犯子女案件，及少年犯罪案件亦為刑事案件，因此要想全盤了解家事案件，必須對刑事訴訟程序有所認識。

　　本章將介紹美國刑事訴訟的程序，亦即一個刑事嫌犯從被逮捕到開庭審判乃至判決到上訴所經歷之過程。另外，本章將介紹美國刑事訴訟之審判標準及憲法對刑事犯的各種保障，使讀者了解美國刑事訴訟程序中刑事被告應有之權利，以及政府在偵辦及審理刑事案件上所受到之限制。

第一節　刑事訴訟的審判標準

一、毫無合理的懷疑

　　美國刑事案件採用的定罪標準是「毫無合理的懷疑」（beyond a reasonable doubt），它的意思是檢方必須證明，其所提出的證據和證詞毫無合理的懷疑。換言之，檢方一定要提出足夠的合理的證據，證明被告的罪行，才能將被告入罪。一旦審訊的法官或陪審團對檢方所提證據，找到合理的疑點，即可判定檢方未達「毫無合理的懷疑」標準，並可判決被告罪名不成立。

　　美國刑事案件之所以採取這樣高的審判標準，並認定所有被告在被定罪前均屬無辜，主要是為保障人民不被無辜判罪。由於刑事被告與民事被告不一樣，刑事被告一旦定罪，即須坐牢或甚至被處以死刑，法律必須給予較大之保障。

二、與民事審判標準的比較

相對於刑事案件檢方除非能以毫無合理的懷疑證明被告有罪,否則就不能將其定罪,民事訴訟中的原告則只要提出「證據的優勢」,即可勝訴。為便於一般大眾或陪審員區別刑事及民事的審判標準,美國法律界有些學者把刑事的「毫無合理的懷疑」,稱為「超過90%的證據」,而民事之「證據的優勢」,則被稱為「超過50%的證據」。

以多年前加州的辛普森案(O. J. Simpson)為例,可說明美國刑事和民事案件不同的審理標準,以及產生的不同結果。在刑事案裡,陪審團宣判辛普森無罪,事後一些陪審員表示,這是因為檢察官提出的證據,未達「毫無合理的證據」的標準。辛普森無罪釋放後,遭死者布朗和高曼的家人於民事法庭控告「非法致死」(wrongful death),結果辛普森敗訴,必須賠償死者家人共三千五百萬美元。

法律界人士分析辛普森敗訴的主要原因,在於民事案件中被告沒有憲法增修條文第5條的緘默權,辛普森被迫作證而漏洞百出。當然更重要的原因在於民事審判的標準與刑事案不同,原告只要提出51%的證據,即可獲勝。

第二節　刑事訴訟流程

保障刑事被告的權利是美國法律的特色。在一般的刑事案件中,原告是政府,擁有無限的資源和人力對案件進行調查與準備,而被告則往往只是升斗小民,在力量和資源上根本無法與政府相比。有鑑於政府與人民在資源、人力上的差距,美國法律要求政府必須負起舉證責任,也必須為財力不足的被告,聘請義務辯護律師。

一、提堂及保釋

任何刑事案件均起源於有犯罪發生或有人懷疑有犯罪發生。如果警察在調查罪行、訪問證人、收集證據後,基於「可能是確實的理由」

（probable cause），認定某人有嫌疑，即可逮捕該嫌犯。

　　警察拘捕嫌犯後，必須在規定的時間（通常是二十四小時）內將嫌疑犯提交法院處理，否則即構成違憲。「提訊」（arraignment）是警方把被捕嫌犯提上法庭，先由檢察官在法官面前正式提出控罪，再由法官對犯人宣讀被指控之罪名，解釋被告在法律上應有的權利，並詢問嫌犯是否認罪。如果嫌犯當場認罪，法官即會安排一個日期當庭宣判刑罰，如果嫌犯不認罪，法官則將安排庭期開審。

　　提堂程序完成後，法院即展開「保釋」（bail）程序。法官會根據案情的嚴重性、被告對公眾是否將造成威脅，和被告有無潛逃的可能，決定是否容許被告保釋及保釋金的金額。

二、認罪協商

　　從嫌犯被提堂開始到宣判之前，控辯雙方可在任何一個階段或時間點進行「認罪協商」（plea bargaining）。被告通常願意以承認一項罪名，換取檢察官撤銷另一項罪名，或者以坦白認罪爭取減刑。

　　美國80%的刑事案件均由「認罪協商」程序解決，由於它可以減輕長期開庭造成之資源浪費，深獲法院鼓勵，但不少受害者批評，「認罪協商」往往輕易放過被告，造成不公平。

三、初級聽證或大陪審團聽證

　　刑事案件分為兩種。一般來說，刑期不超過一年者算是「輕罪」（misdemeanor）；刑期超過一年者為「重罪」（felony）。

　　在刑事重罪案件中，作為控方的政府必須經過法律程序，建立合理的初步證據，才能正式起訴。在加州，控方有兩個程序可以選擇：「大陪審團聽證」（grand jury hearing），或由法官主持的「初級聽證」（preliminary hearing）。

　　大陪審團之所以稱為大，其實只是有別於一般庭審中的陪審團而已。大陪審團由控方抽選普通市民組成，人數不定，由十一人至二十三人不

等。大陪審團的聆訊不公開，辯方律師亦不能出席，控方在大陪審團前提出證據，由大陪審團決定控方是否有「可能是確實的理由」，起訴被告。

控方可選擇另一種程序，就是一個公開的、在初審法院法官前的初級聽證（有人譯為「預審」）。在初級聽證中，控方僅須提出足夠建立「可能是確實的理由」之證據，即可對被告起訴；法官在聽證中可決定證據是否合法取得，而辯方則有權提出對質。

一般來說刑事案件經過大陪審團聽證或初級聽證後，證據對那一方有利已呈現端倪，此時控方如果認為沒有把握提出足夠證據，通常即會撤銷控訴；而辯方律師如果認為證據對被告不利，就可能與當事人權衡利害，並與控方進行認罪協商。

四、開庭審訊

在正式開審前，雙方律師須先選定陪審員，有關陪審員產生方式請參閱本編第一章介紹。

審訊一開始先由檢察官代表人民，辯護律師代表被告作開場白，然後分別傳喚證人作證，雙方律師得向對方證人進行交互詰問。所有證據證詞呈堂後，控辯雙方律師各作總結辯論，控方指出嫌犯犯案鐵證如山，力勸陪審員絕對不能讓他逍遙法外，而辯方則強烈攻擊控方證據的漏洞，強調控方未能達到「毫無合理的懷疑」標準，要求陪審員判決被告無罪。

美國刑事開庭審理的過程正是對抗制度的具體表現，有關「對抗制度」之原則及運作方式，請參閱本編第一章介紹。

在雙方律師講完總結辯論後，陪審員退庭閉門研討，然後作出有罪或無罪的「判決」（verdict），刑罰則由法官根據法律定之。

五、刑期

「刑期」（sentencing）是在確定被告有罪後對罪犯的懲罰。法官在決定刑期時，必須注意刑期不能超過法律對被告所犯罪行最長之期限，而各州在制定刑期時，則應注意不能違背憲法的原則。例如憲法增修條文

第8條規定，政府不應該制定「殘酷及非尋常的懲罰」（cruel and unusual punishment），基於法律平等保護原則，政府亦不可因被告之種族、性別，而在刑期上有任何差別待遇。

在法定的刑期內，法官通常有相當大的自由裁量權，但近年來不少州政府通過法令，限制法官的自由裁量權。例如不少州訂有「三振出局條例」（three strikes and you're out），讓法官對第三次犯罪的被告必須判以法定之最長刑期，有些州甚至規定將累犯處以終生監禁，不得保釋。這些法律的目的是為嚇阻罪犯不要一再犯案，但對一些罪行並不嚴重的累犯有所不公平，亦造成監獄擁擠。

六、上訴

任何被告被判有罪均有權上訴，可是如被告被判無罪，檢察官卻沒有權利上訴，上訴法院亦無權推翻陪審團的無罪裁決，否則即構成「雙重審判」（double jeopardy），違反憲法增修條文第5條，沒有人應為同一案件被「雙重審判」的規定。

被告有權提出上訴，要求上訴法院糾正初審法院所犯的錯誤，例如法官錯誤地同意接受以不合法手段取得的證據，或給陪審團錯誤的指示。各州的第一級上訴法院必須接受被告的上訴，但目前幾乎所有州的最高法院均有自由裁量權，拒絕審理任何上訴案。

上訴法院在審理被告上訴案時，通常只考量被告在初審時所抗議過的疑點，例如被告律師如果未在初審時，要求排除檢方以不合法方式取得的證據，就不能要求上訴法院重新審查該證據是否非法取得。當然此法則有其例外：第一，如果上訴法院發現該錯誤影響重大，即使被告漏提，仍可加以考量；第二，如果初審法院所犯之錯誤，並未傷害被告之憲法權利，或與判決無關，通稱為「無傷害之錯誤」（harmless error），上訴法院即不可推翻初審法院之判決。

為避免任何人因審判錯誤而作牢，美國囚犯有權向法院遞交「提審狀」或稱「人身保護狀」（writ of habeas corpus），申訴其被監禁是因為

法律程序產生錯誤。為避免囚犯一而再,再而三地挑戰判決,各州法院判決及立法均對囚犯這種申訴的權利有所約束。1970年後國會亦制定法律規定,如果法院發現囚犯已在前次申請中提過同一論點,或再審亦不可能有不同結果時,有權拒絕受理,另外法院可以拒絕接受同一申請者兩次以上的申請,以免該制度被濫用。

七、死刑案件的審判、量刑及上訴程序

被告如被定罪可求處死刑的案件稱為「死刑案件」（capital case）,因此,死刑在英文除可稱為death penalty,亦可稱為capital punishment。而死刑案件不論在審判、量刑或上訴程序上,均有與一般刑事案件不盡相同的特質。

(一) 陪審員必須具「死刑資格」

死刑案件的陪審員必須具備「死刑資格」（death qualified）。陪審員候選人除須回答一般對犯罪的態度、個人經驗等問題外,還必須回答如果被告被判殺人罪是否願意或不排斥考慮判處死刑。依此原則,完全排斥死刑的人即不具備死刑資格。1985年,聯邦最高法院於*Wainwright v. Witt*[1]案判決任何不具有死刑資格之候選人,不得擔任陪審員。雙方律師在具備「死刑資格」的陪審員候選人中再進行篩選,最後選出他們認為對其有利之陪審員。

陪審員須具備「死刑資格」,顯然對陪審團最終判決有所影響。有學者批評當只有具備「死刑資格」的陪審員可以判決被告有罪無罪,以及該不該判處死刑,對被告並不公平,因為這些人本來就比較容易接受檢方的證據,亦比較容易傾向判決死刑。

(二) 審判結構分成二階段

一般刑事案件,陪審團決定被告有罪後由法官擇期宣判刑期,但死刑

---

[1] *Wainwright v. Witt*, 469 U.S. 412 (1985).

案件審判結構則分成二階段——判罪階段及量刑階段。第一階段陪審員根據檢方所提供的證據考量被告是否有罪，第二階段是當被告被判有罪後進行的量刑階段。在第二階段中，檢方可提出被告之罪行符合「加重情況」（aggravating circumstances），讓陪審員或法官考量被告犯罪的動機或手法是否特別嚴重或殘酷無情，應判處死刑。辯方則可提出「減輕事由」（mitigating factors），請陪審員或法官考量：(1)被告之個性特質或過去表現，(2)被告之犯罪是否受到不幸家庭或成長背景影響，有值得同情之處。大部分州法規定只有在「加重情況」超過「減輕事由」時，陪審員或法官才可以判處被告死刑，否則應判無期徒刑終身監禁不得假釋。

　　聯邦最高法院的判例顯示，被告之年齡（例如未成年）及智力（例如智障），均構成「減輕事由」，如辯方律師未提出或法官不允許陪審團考量，即構成違憲。另外，聯邦最高法院於2002年裁定，所有死刑案件均應由陪審團決定被告是否應被判處死刑。

（三）上訴程序分成直接上訴及提審狀上訴

　　死刑案件之上訴程序十分特別且複雜，可分成直接上訴及提審狀上訴兩種方式。

1.直接上訴

　　每一州之最高法院必須「自動審核」（automatic review）所有死刑判決案件，只有死刑犯才有這種直接上訴的權利。州最高法院必須評估審判的過程是否違背任何法律或憲法，有些州更要求法院作「比率審核」（proportionality review），考量每一個死刑案件之判決是否符合其他死刑案件的判決。如果州最高法院確認被告有罪及應被判死刑，被告可向聯邦最高法院提出「特別上訴狀」（certiorari），要求聯邦最高法院就州法院審理過之議題進行審核，但聯邦最高法院並沒有受理的義務，事實上聯邦最高法院也很少受理被告直接上訴的案件。

2.提審狀上訴

　　如果被告直接上訴不成功，可利用「提審狀」（habeas corpus）向聯

邦地區法院上訴，如不服其判決，可上訴至聯邦上訴法院，最後可上訴至聯邦最高法院。被告在此上訴歷程中，可要求聯邦法院審理原州法院審判中未審理過之議題，包括新發現之證據、審判過程是否公平、陪審團是否有歧視、證據是否非法取得、辯護律師是否能力不足，以及檢方是否行為失當。

由於聯邦法院只能審理「聯邦問題」，被告採用「提審狀」上訴時，必須舉出其有罪判決或死刑判決違背美國憲法，例如憲法增修條文第5條及14條之「法律正當程序」與「法律平等保護」，第8條之禁止「殘酷及非尋常的懲罰」，第6條之「有權得到有效之律師協助」（right to have effective legal counsel），以及第5條之「有受陪審團審判的權利」（right to jury trial）。

儘管被告有權採取以上兩種不同類型的上訴方式向各級法院提出上訴，但只有各州的最高法院的「自動審核」具強制力，其他法院則可自行決定是否受理被告之上訴案。

很多支持保留死刑者認為死刑上訴程序太費時且耗費太大，因此要求政府簡化死刑上訴程序，國會議員亦提案修改「提審狀」上訴制度，但由於反對聲浪太大，該提案始終未通過。1995年奧克拉荷馬市聯邦大樓發生爆炸案後，美國國會加緊審理提審狀上訴修正案，終於1996年通過《反恐怖主義及有效死刑法》（Anti-Terrorism and Effective Death Penalty Act of 1996）[2]，提審狀上訴制度就此被大幅度地修正，削減了在上訴時已經義務律師協助的州死刑犯之上訴權，並限制聯邦最高法院只能審理曾在州法院審判中提出過及決定過的議題。從此，死刑犯不能再要求聯邦最高法院審理任何新的議題。

第三節　憲法對刑事被告的保障

為保障個人的人身安全及自由權，美國刑事制度不能違背憲法所賦予

---

[2]　Anti-Terrorism and Effective Death Penalty of 1996, Pub. L. No. 104-132, 110 Stat. 1214 (4/12/1996).

刑事嫌犯或被告的法律權利。

一、免於無故之搜索和扣押

美國憲法增修條文第4條規定：(1)人民有保護其人身、住所、文件及財產「不受無故搜索和扣押的權利」（right to against unreasonable search and seizure）；(2)政府不得發出搜索令或扣押令；但根據有「可能是確實的理由」，並明確指出將被搜索的地點，以及將被扣押的人或物者，則不在此限。

換言之，如果沒有「可能是確實的理由」，政府不得隨意搜查任何人及其財產，亦不得隨意發出搜索令或扣押令。依此，如有人在公路超速駕車，警察見到就有權截停及開罰單，但警察無權要求搜身和搜車，因為警察既無搜查令，亦無「可能是確實的理由」申請搜索令。

合法搜索和扣押的問題千變萬化，不限於警察入屋搜查，亦不限於扣押有形的物品。由於證據直接關係到嫌犯是否被起訴及定罪，因此幾乎每一件刑事案件中，辯方律師所作的第一件事，就是挑戰檢方提出之證據係非法取得。

二、緘默權

美國憲法增修條文第5條規定(1)除非依據大陪審團的報告或起訴書，任何人不得被迫接受刑事審判；(2)任何人不得因同一罪名受審兩次；(3)任何人「不得被迫在刑事案中自證其罪」（right to against compulsory self-incrimination）；(4)非經正當程序，不得被剝奪生命、自由或財產；及(5)非經公平的補償，私有財產不得被政府沒收。

這條增修條文提供刑事被告多項保障，其中包括須經大陪審團起訴、不得被雙重起訴等權利，但緘默權亦即條文中的不得被迫在刑事案中自證其罪，才是最重要的人權保障。

當然，刑事犯有權自動出庭作證，或自動坦白招認，但依法他有保持緘默的權利。在涉及重罪的刑事案件中，一般辯護律師均不鼓勵被告作

證，因為一旦被告作證說錯話，便可能產生嚴重的後果。檢方亦不得因被告不作證，而暗示他有犯罪嫌疑。

三、接受公開、快速的審訊及僱請律師之權利

美國憲法增修條文第6條規定：(1)在一切刑事起訴中，被告應享有「迅速和公開審訊之權利」（right to a speedy and public trial）；(2)被告應由其犯案所在州或區域之公正的陪審團審訊；(3)被告應被告知指控性質和理由、並有詰問對自己不利證人，以及強制傳喚對自己有利證人的權利；及(4)由律師協助辯護的權利。陪審制度請參閱本編第一章介紹，在此僅介紹聘請律師及迅速審訊兩種權利。

（一）聘請律師的權利

由於美國刑事訴訟程序十分複雜，為保障被告權益及使程序順利進行，法院通常會鼓勵刑事被告聘請律師，但被告亦有不聘請律師的權利。

針對沒有能力聘請律師的刑事被告，法院必須為他們聘請律師，提供免費辯護。法院所指派的律師大多為「公設辯護人」（public defender），但有時也會僱用私人律師。

（二）接受迅速審訊的權利

警察必須在逮捕嫌犯後二十四小時內將他提堂控罪，被告若不認罪，就應被快速審訊、結案。有關迅速的定義，美國聯邦法院和大部分州法院（例如加州）都規定，政府要在六十天之內開審。不過，由於法院往往積壓案件太多不及處理，有時檢方或辯方律師需要較長時間，搜集證據或找尋相關證人，大部分案件要在六十天之內開審並不容易。如果被告同意延後權利，案件即不受六十天的限制，但法院仍須隨時注意，不得違背被告有被迅速審理之權利。

第二編
美國家事法

第一章
結婚

　　結婚絕不僅是兩個人穿著禮服、宴請賓客，從此快樂地生活一輩子而已。事實上，兩個人只要一結婚即開始進入複雜的、受法律保障及約束的領域——婚姻，它不但會改變兩個人彼此之間的權利及義務、他們與第三者的關係，並將改變兩個人在婚姻關係存續中、離婚時，甚至死亡時財產的所有權及管理權。簡而言之，政府透過婚姻法，可大幅度地干預已婚夫婦的生活。

　　本章旨在介紹美國法律如何看待婚姻、結婚的要件，無效及可撤銷的婚姻，以及一些較不一樣的婚姻型態。

第一節　婚姻制度

　　有人稱婚姻是一種「身分」（status），此說強調政府有權約束已婚者的各項權利。有人稱婚姻為「契約」（contract），或「合夥關係」（partnership），此說強調配偶有權自己約定彼此之間的關係。最後，有人稱婚姻為「個人關係」（personal relationship），此說強調婚姻的私密性、個別性，政府管得愈少愈好。理論雖然不同，但均說明婚姻具有相當獨特的法律性質。

　　尤其，1960年代開始有人對於傳統核心家庭表示不滿。特別是激進的精神學家蘭恩（R. D. Laing）、激進的女性主義者費爾史東（Shulamith Firestone）及米利特（Kate Millett）揭露核心家庭的各種問題，例如核心家庭內部的性別分工，家庭關係的階級化——女人次於男人，女人主要的任務在於照料家庭及小孩，家庭的目的在於傳宗接代，都對女性極不公平。這些批評使婚姻與家庭被重新定位，婚姻開始被認為是個人滿足及有

人相伴的來源，而且婚姻不再是永遠的，只要它未達到個人的期待，夫妻就可以也應該另求發展。他們對於傳統家庭的批判也使人開始接受不同的家庭形式，例如同居而不結婚的異性與同性伴侶逐漸增加。

　　美國目前大部分州採納「全國統一州法委員會」所擬訂公布之《統一婚姻及離婚法》（Uniform Marriage and Divorce Act）對婚姻的定義：「依雙方當事人合意，由一個男人與一個女人以契約建立的個人關係。」但同時也認定婚姻是一項最重要的社會體制，它是社會秩序的基礎，也是養育下一代，提供社會及經濟需求的最佳方式。既然法律認定婚姻是社會秩序的基礎，政府當然有權利管理它；但無人可以否認婚姻帶給個人最基本的陪伴、慰藉、生兒育女的機會及經濟安全，因此結婚又是每個人的基本人權。由於婚姻具有這雙重特性，所以政府在規範什麼是合法、有效的婚姻時，必須同時顧及維護社會體制與尊重個人自由權。

一、立法及政策

　　在美國，婚姻法屬於州法，各州根據以下幾種法源訂立自己的婚姻法或家庭關係法：其一是普通法的傳統；其二是由全國各領域之法學專家與實際執業者組成之「美國法律學院」，所擬訂之「離婚法之原則」（ALI Principles of the Law of Family Dissolution），該原則不但對法官、學者產生重大影響，很多州採用該原則的條文為其婚姻法之內容；其三是美國聯邦最高法院的判決，他們提供了憲法對各種不同議題的詮釋與保障；其四是美國國會針對家庭關係制定的各項法案。

　　儘管各州在制定家庭法時均採用以上幾個來源，但由於各州有不同的文化、歷史背景，州民對性與家庭道德又有不同的價值觀，面對相同或類似的情況時，各州的立法及公共政策往往不同。正因為州與州之間的家事法有所差異，當事人一旦遷移至別州，常常造成特殊的法律問題。例如一對表兄妹在一個允許表兄妹通婚的州結婚後，搬到一個不允許表兄妹結婚的州，他們的婚姻是否繼續有效，立刻成為問題。又例如一對同性伴侶在允許同性結婚的州合法結婚後，搬到一個不承認同性婚姻的州，第二個州

將如何看待這對同性夫妻，也將產生法律問題。其次，家事法通常給予法官很大的裁量權，因此，要想全面了解美國家事法，各州各級法官的判決亦很重要。

二、憲法對結婚之保障

如上所述，美國各州基本上認為婚姻是一種社會制度，政府有權加以規範，但聯邦最高法院則多次以法律平等保護、法律正當程序與隱私權為由，判決過分限制結婚條件的州法構成違憲。

自1920年代起，聯邦最高法院即認定結婚是一項「基本自由權」、「一項最基本的人權」及「個人追求幸福的最重要權利」，州政府對結婚的規定不可干預個人的憲法權利。1967年*Loving v. Virginia*[1]案，聯邦最高法院判決維吉尼亞州禁止不同種族通婚的州法違憲，因為「只因種族不同，剝奪結婚的自由，違反法律平等保護的中心意義。」但該判決又表示，只要州政府證明其立法有「合理的根據」，並對要結婚的州民不致於產生顯著的不方便，則不構成違憲。

聯邦最高法院1978年又在*Zablocki v. Redhail*[2]案，主張人的結婚權利不僅應受到法律正當程序的保護，州政府限制結婚的規定還應採納「嚴格審查標準」，除非政府能證明該限制與政府利益有直接且重大的關聯，否則就違背了憲法中的法律平等保護。

有關囚犯是否可以結婚的問題，聯邦最高法院1987在*Turner v. Safley*[3]案主張，州政府不應全面禁止獄中的囚犯結婚，但該案同意禁止終生囚犯結婚並不構成違憲[4]。

---

[1] *Loving v. Virginia*, 388 U.S. 1, 87 S. Ct. 1817, 18 L. Ed. 2d 1010 (1967).

[2] *Zablocki v. Redhail*, 434 U.S. 374, 98 S. Ct. 673, 54 L. Ed. 2d 618 (1978).

[3] *Turner v. Safley*, 482 U.S. 78 (1987).

[4] *Butler v. Wilson*, 415 U.S. 953 (1974).

第二節　結婚的要件

　　一件合法的婚姻至少必須符合三個要件：第一，當事人之合意，包括當事人必須有能力同意，以及有意願結婚；第二，舉行結婚儀式，為表示慎重，通常須由教士或司法人員證婚，並有其他人在場證明；第三，必須符合行政上的要求。

一、合意

　　「合意」（consent）包括當事人有能力同意，以及有意願結婚。雖然婚姻被視為一種契約關係，但法律對當事人是否有同意結婚的能力，比簽訂契約的能力要求較低，通常當事人只須證明他了解婚姻的責任及義務即可。有些州法院會要求有嚴重精神疾病或智障的人在結婚前通過某種能力測試。

　　至於有無結婚意願方面，如果有人結婚的目的不是為與另一人共同生活，而是有其他目的（例如藉結婚取得移民資格），或有人在開玩笑的情況下結婚，都足以證明當事人並無結婚意願。

二、法律程序

　　除了主觀的意願，結婚必須符合法律規定。

（一）執照及宣示

　　所有的州均規定在舉行結婚儀式前，必須向郡政府申請結婚證書。郡政府如發現當事人填寫的資料顯示他們結婚不合法，可以拒絕核發結婚證書。

　　結婚當事人必須在經授權人士（通常是司法人員或教士）面前宣示舉行，而且必須有證人在場，但結婚儀式不拘。依據《統一婚姻及離婚法》，印第安人可採取其他宗教儀式結婚，是唯一不受一般法律約束的人。

（二）身體檢查及驗血

大部分州規定在政府核發結婚執照前，申請人必須先提交醫生簽署的健康證書，表明申請人已經過身體檢查（包括驗血），二人並無性病。有少數州還要求檢查有無麻疹，但這只為掌握資訊，政府不能因檢查結果拒發結婚執照。伊利諾州與路易斯安那州曾要求申請人作愛滋病篩檢，但該規定被判違法而被取消。

（三）等待期

有四分之三的州規定申請人在取得結婚執照後，須等上幾天（三天到五天）才能舉行結婚儀式，理由是讓他們在結婚前，想清楚是否確實要結婚。

（四）登記

結婚當事人必須在結婚證書上簽名，並送交郡政府，由郡政府作結婚登記，從此成為公開紀錄。

（五）不合程序的後果

各州法律雖規範結婚程序，但為不剝奪人人有結婚的權利，不少州對於形式上的要求不作硬性規定，只是極力勸導有意結婚的人盡量遵守。除非當事人所在州的法律明定未取得結婚執照就不算結婚，否則未完全遵守以上程序，並不會造成婚姻無效。

第三節　無效婚姻

有些婚姻，例如一夫多妻、近親結婚、同性結婚，因被認為違背社會公序良俗，一直不被美國法律承認，即使兩個人自己認為已婚，仍屬「無效婚姻」（void marriage）。無效婚姻自一開始即無效力，因此，無須採取任何法律行動宣告其無效。

一、一夫多妻

　　美國嚴禁「一夫多妻」或「一妻多夫」（polygamy），即使各方配偶同意，亦不合法。很多猶他州民自1840年代信仰摩門教後，開始施行多妻制，雖然猶他州為符合加入聯邦的條件，已於1896年在該州憲法中明定禁止多妻制，但仍有教徒過著一夫多妻的生活，並多次以人民有自由行使宗教信仰為由，挑戰一夫一妻制。聯邦最高法院一再以行使宗教信仰，並不能在行為上違背社會規範及顛覆社會秩序為由，否決一夫多妻制的合法性[5]。猶他州在1953年大力掃除多妻制，摩門教亦禁止教徒多妻，即令如此，猶他州目前仍有三萬名以上摩門教徒秘密地實行多妻制。

　　猶他州最高法院雖然判定一夫多妻是違法的，但允許一夫多妻的家庭收養小孩，在婚姻關係終止時，配偶亦有分配財產的權利。2001年8月猶他州法院曾將一位有五個妻子的男子，以盜領救濟金的罪名，判處五年徒刑及巨額罰款，轟動一時。

二、重婚

　　「重婚」（bigamy）是指一個人同時有兩個配偶。這種情形偶爾發生在一個人同時有兩個配偶，而那兩個配偶彼此不知情。比較普遍的情形則是因為一方配偶未合法結束第一個婚姻，就與第二個女人或男人結婚，而第二個配偶真心認為她是合法結婚。

　　不論當事人的認知，在法律上，第二個婚姻是無效的，但如第二個婚姻的配偶不知情，在分手時，可向州法院要求補償，如法院發現該配偶確不知情，會給予一定補償。

三、近親結婚

　　禁止「近親結婚」（incest），主要是怕近親繁殖對下一代不好，也會破壞家庭內部的和諧。美國目前所有的州都禁止直系親屬，祖父母與孫

- - - - - - - - - - - - -

子女，以及兄弟姊妹通婚。很多州也禁止叔叔、舅舅與外甥子女、姪子姪女通婚。絕大多數的州對有一半血統的親戚，與有完全血統的親戚一視同仁。有些州禁止姻親通婚，例如任何人不可與女婿或媳婦結婚。有些州規定收養的兄弟姊妹不得通婚，其理由與血緣無關，而是認為養子養女，在法律上既與親生子女一樣，他們之間就應該是真正的兄弟姊妹，當然不得通婚。

　　各州禁止近親結婚的標準不一，因此當一對在原州合法結婚的夫婦，搬到另一個州時，其婚姻關係很可能被認定無效。目前大部分州同意，任何在原州屬於合法結婚者，遷移至其他州，應繼續為合法夫妻，但如新的所在州認定原州採用的原則違背其公共政策，可不予以承認。

四、同性婚姻

　　傳統上，兩個同性的人不能結婚，就算二人互訂終身，也是無效婚姻。近年來，有關同性伴侶是否可以合法結婚的法律變化快速，為使讀者對該問題有較全面性的認識，本書將在本編第二章介紹。

第四節　可撤銷的婚姻

　　「可撤銷之婚姻」（voidable marriage）與無效婚姻不一樣，它是指兩個人在結婚時，法律上有所瑕疵，一方配偶可要求撤銷婚姻。最普通的瑕疵是夫妻一方未到適婚年齡，又未徵得父母同意，或一方同意結婚是在被詐欺、或被脅迫之情況下為之，或一方智力不足或精神錯亂。

　　不足年齡或被詐欺、脅迫的一方，可在法定時間內申請「撤銷婚姻」（annulment），但如果當事人未及時採取撤銷行動，原本屬於可撤銷的婚姻，則將變成合法婚姻。另外，雖然婚姻被撤銷等於婚姻一開始即無效，但在婚姻中所生的子女仍被認定為婚生子女。

- - - - - - - - - - - - -

5　*Reynolds v. United States*, 98 U.S. 145 (1878).

一、年齡不符

　　美國所有的州對適婚年齡均有規定，理由是只有成熟的人才應該進入婚姻及養兒育女。大部分的州規定十八歲以上的人可自行決定結婚，十五歲至十八歲之間的人要結婚，須經父母或法院的同意。《統一婚姻及離婚法》規定十六歲及十七歲的人，結婚須經父母或法院的同意，而十六歲以下的人，則須取得父母及法院兩者的同意。

　　有人主張政府限制結婚年齡違背了憲法的結婚自由權，聯邦最高法院至今未審理過未成年人結婚的案件，但它在*Zablocki v. Redhail*[6]案判決中指出，未成年人雖應受到憲法保護，但其權利應該受到管制，因為他們不夠成熟，往往無法以成熟的態度決定重要事情。聯邦下級法院則在多次判決中直接主張，州政府限制結婚年齡並不違憲。

　　各州對男女的適婚年齡曾有不同規定，大部分州現已改採取性別中立的立場，但仍有不少州允許女性比男性早結婚。這種源自普通法的規定是否違憲，須視政府的立法是否具有「重要的政府利益」。聯邦最高法院在一些判例中對於女性比男性早熟表示懷疑，但基於只有女人會懷孕，性行為對男女的心理及生理的影響有所不同，而裁定準強制性交罪之犯罪主體只包括未成年男性，而不包括未成年女性的州法並不構成違憲。

　　適婚年齡的限制旨在保護未成年人，因此大部分州規定只有未成年人或其監護人可要求撤銷婚姻，成年的配偶則無權作此要求。在幾個少數的州，不滿未成子女結婚的父母可提出撤銷訴訟，不過法院通常會尊重結婚當事人的意願。

二、詐欺

　　如有人是因受對方「詐欺」（fraud）而同意結婚，他可以撤銷婚姻，但必須證明(1)詐欺的事實十分嚴重，如非對方詐欺，他不會同意結婚；(2)欺騙之事實影響到婚姻的本質。婚姻的本質在過去一向被解釋為性能

- - - - - - - - - - - - -

[6]　*Zablocki v. Redhail*, 434 U.S. 374, 98 S. Ct. 673, 54 L. Ed. 2d 618 (1978).

力，生育能力或有性病，現在則不僅限於此。另外，被欺騙之一方在發現事實真相後，必須在一定時間內提出撤銷申請，並須證明在發現真象後，就不曾自願地與對方繼續共同生活。

　　為防止有人想藉與美國公民結婚取得永久居留權，美國國會1986年通過《婚姻詐欺增訂法》（Marriage Fraud Amendments Act）[7]，規定凡因結婚申請移民身分者，必須在結婚兩年後才可取得永久居留權。由於該法造成有些已婚婦女遭受婚姻暴力卻不敢求助，國會又於1996年修法，允許受暴的配偶自行提出移民的申請[8]。

三、脅迫

　　如果有人因被「脅迫」（duress）而結婚，被脅迫的一方可申請撤銷婚姻。法院通常只有在發現當事人因受到暴力或在暴力的威脅下，無法行使自由意志，才認定脅迫確實存在。精神困擾也算是一種脅迫，但當事人必須證明他在長期的精神困擾下，對於是否要結婚，已失去自由意志。

第五節　不符法律要件的婚姻

　　有些夫妻雖然以為他們已合法結婚，但因不符合或未完成一些法律要件，或因某種障礙，使其婚姻嚴格而論並不合法。這種「夫妻」在「離婚」，或一方「配偶」死亡時，如何分配財產或繼承遺產，成為一大問題。為保障這些無辜配偶的權益，法律採用了「補救程序理論」（curative procedural doctrine），對於真心相信自己已合法結婚，並長時間與配偶共同生活，自許為夫妻的人加以保護。

---

[7]　Marriage Fraud Amendments Act, 8 U.S.C. §§ 1154(h), 1255(e).

[8]　Illegal Immigration Reform and Immigration Responsibility Act of 1996 § 204(a)(1), 8 U.S.C. § 1154(A)(iii)(1) (2000); 8 U.S.C. § 1254(a)(3) (2000).

一、普通法婚姻

儘管美國大部分的州不再接受「普通法婚姻」（common-law marriage），但仍有大約十二個州承認普通法婚姻的有效性。

（一）普通法婚姻要件

普通法婚姻必須具備以下三個要件：

1.雙方當事人必須有「當下的合意」（present agreement），願意結為夫妻。

2.二人必須「共同生活」（cohabitation），當事人必須在承認普通法婚姻的州共同生活過，至於時間長短則未有定論。

3.二人必須在社區被認定為已婚夫妻，這可從二人用某某先生及太太的稱呼，或帶有結婚戒指來證明。

（二）移居產生的法律問題

在承認普通法婚姻的州，普通法婚姻只能因死亡或離婚而終結。但當普通法夫妻搬至不承認普通法婚姻的州時，往往就會造成困擾。目前大部分不承認普通法婚姻的州，對於從承認普通法婚姻州遷入的夫妻會予以承認。如果一對符合普通法婚姻要件的人先居住在一個不承認普通法婚姻的州，後來再遷移至承認普通法婚姻的州，之後的州通常會認可該婚姻。

基本上，當政府機構質疑長期生活在一起的伴侶婚姻是否有效時，法院通常比較傾向於承認普通法婚姻的存在。這種立場遭到有些法學者的反對，他們認為有人故意選擇這種結婚方式來逃避政府的規定[9]。

二、推想的配偶

「推想配偶理論」（putative spouse doctrine）是另一種讓婚姻當事人的權利得到保護的補救方法。推想的婚姻與普通法婚姻至少有兩點不同。一是普通法夫妻知道他們從未舉行結婚儀式，而推想的婚姻則有公開的結

---

[9] Wadlington, *Domestic Relations: Cases and Materials* 131 (3d ed. 1995).

婚儀式，而且至少有一位配偶真心相信他已合法結婚。二是普通法婚姻只能因死亡或離婚而終結，但推想的婚姻則無須離婚來結束婚姻。

推想的婚姻通常發生在一方配偶並未合法離婚就另外結婚，也有時是一個人先後與兩個人結婚，第二位配偶並不知道另一位配偶的存在。雖然第二次婚姻不合法，法院有時為了保護第二位配偶的權利，會判定第二位配偶為推想的配偶，讓他取得如同有效婚姻配偶的分配權[10]。但推想的配偶一旦知道他的婚姻不合法，他就立即失去資格，也不再有權分享另一方在之後取得的財產。

三、同居人

「同居人」（cohabitants）是指兩個人住在一起，過著像夫妻一般的生活，但既不是合法夫妻，亦非推想的配偶。

（一）彼此之間的索賠

傳統上，同居被視為不道德的行為，法院也拒絕履行未婚伴侶的契約，認為它違背社會善良風俗。有一些州依然堅持傳統的法則，拒絕承認未婚同居者就其財產權所訂的契約。例如伊利諾州最高法院1979年在 *Hewitt v. Hewitt*[11]案就裁定兩個未婚同居人所訂的契約違背公共政策，因此沒有執行力。

大部分州已改變了立場，允許兩個未婚同居人訂立契約，約定在同居期間擁有的財產。依據該原則，未婚的同居人與夫婦擁有類似的契約權，只是契約內容不能僅規範性服務。另外，二人必須確實經常同住一起，而並非只是偶然見面，或各自另有家庭[12]。

有些州不但承認、執行同居人之間所簽署的契約，對於二人並無正式訂約，但同居人的言語行為或二人之間簽有合夥契約，法院也可依有

---

[10] *Estate of Vargas*, 111 Cal. Rptr. 779 (Ct. App. 1974).

[11] *Hewitt v. Hewitt*, 394 N.E.2d 1204 (Ill. 1979).

[12] *Morone v. Morone*, 413 N.E.2d 1154 (N.Y. 1980) & *Cochran v. Cochran*, 106 Cal. Rptr.2d 899 (Ct. App. 2001).

「暗示契約」（implied contract）存在，給予索賠的同居人一定的補償。
加州最高法院1976年在審理電影明星李馬文與其同居人——米雪兒馬文案
件時判決，如二人之間有明示契約，法院就應該依據契約內容執行，但契
約不可僅規範性服務；如二人未訂約，但其中一方以對方的行為或合夥契
約證明有暗示契約的存在，法院得給予一定補償[13]。之後，加州初審法院
裁定李馬文應給米雪兒十萬四千元美金，作為對她的補償[14]，但上訴法院
推翻了初審法院的判決，認為被告李馬文本身並無過錯，亦未因米雪兒的
行為不當得利，因此，對她的補償不符合法律及平等原則[15]。有關該案相
關內容，請參考本編第四章第二節。加州法院1998年在另一個案件判決，
對同居人適當的補償是二人同居時，索賠者對同居人提供之服務的市場價
值[16]。

　　綜言之，在沒有明示契約存在的情況下，同居人索賠的成功案例並不
多。如二人同居一段時間後結婚，僅有在婚後取得的財產算是婚姻財產或
共同財產，得以在離婚時分配。至於在同居時所取得的財產，法院多半依
據Marvin判例來處理。

（二）與第三者的關係

　　截至目前為止，只有配偶才能在另一方配偶被人致死時，以民事之
「非法致死」（wrongful death）控告加害人，普通法中的「損失服務」
（loss of consortium）亦只能由已婚的配偶在另一方配偶受傷時，向加害
人提出索賠，同居的人在碰到相同狀況時則無權索賠。這種差別待遇一
直備受同居人批評，唯各州法院在這方面的突破並不大，目前只有少數
法院同意讓同居人以目睹伴侶受傷，或死亡遭受「精神困擾」（emotional
distress）為由，向加害人索賠。

---

[13] *Marvin v. Marvin*, 557 P.2d 106 (Cal. 1976).

[14] *Marvin v. Marvin*, 5 Fam. L. Rep. 3077 (1979).

[15] *Marvin v. Marvin*, 176 Cal. Rptr. 555 (Ct. App. 1981).

[16] *Maglica v. Maglica*, 78 Cal. App. 4th 442 (1998).

第六節　解除婚約

在英國普通法時代，如有人在訂婚後要求解除婚約，對方可以提出「侵權」（tort）告訴，之後法院則以違約來處理解除婚約的行為，受害者可以向違約者要求賠償，特別是未婚妻可以其名譽或貞操受損，控告未婚夫。這種法律行動被稱為「心碎醫療訴訟」（heart balm suit），賠償的目的是為治療原告破碎的心。

由於兩性逐漸趨於平等、婚前同居情況又大增，大部分州已取消以上告訴權，少數保留這種告訴權的州，亦大幅度地限制損害賠償的性質、可以索賠的年限，並要求當事人出示相關證據，證明他確實受有損害。

訂婚戒指一向被認為與結婚有關，大部分州主張如果是給戒指的人解除婚約，他不該要回戒指[17]，但愈來愈多的州主張不論誰要求婚約解除，戒指都應該歸還[18]。至於其他的禮物需不需要歸還，則應視該禮物是否以結婚為前提，而決定是否該歸還。

---

[17] *Clippard v. Pfefferkorn*, 168 S.W.3d 616 (Mo. Ct. 2005).

[18] *Fowler v. Perry*, 830 N.E.2d 97 (Ind. Ct. 2005).

第二章
同性婚姻

傳統上，兩個同性的人不能結婚，沒有州政府會對兩個同性伴侶發出結婚執照，就算二人互訂終身，也是無效婚姻。過去二十年來，在同性戀及相關團體大力努力與爭取下，同性是否可以合法結婚，成為美國最受注意的社會議題，在法律上也有所突破。

早在麻州允許同性伴侶正式結婚前，佛蒙特、新罕布夏、新澤西、康州等州已先後允許同性伴侶向政府登記「民事聯姻」（civil unions），加州、緬因、華盛頓、俄勒岡等四州與華府特區允許同性伴侶組成「家庭合夥關係」（domestic partnership），而夏威夷州則以立法保護「互惠受益人」（reciprocal beneficiaries），讓登記的同性伴侶可享有與夫婦同樣的法律權利。但同性戀者仍然抱怨，上述法律並未使他們在社會上，財務上與情緒上，得到與夫婦一樣的待遇，他們要繼續透過司法與立法的抗爭，爭取正式結婚的權利。

進入21世紀，麻州終於成為美國第一個「同性婚姻」（same-sex marriage）合法化的州，2008年5月與10月加州與康州又先後跟進。只是2008年底大選加州選民以公投方式通過要修改州憲，明訂唯有異性才能結婚的第八案，這使加州是否能讓同性婚姻繼續維持有效遭到極大挑戰。且不論加州最終將如何解決這場爭議，同性婚姻運動絕不可能到此為止，而該議題勢將繼續成為本世紀最大的法律爭議。

第一節　同性婚姻的正反主張與爭議

一、反對同性結婚之理由

州政府禁止同性結婚的理由大約有以下幾點，但都遭支持同性結婚者

駁斥：

1.婚姻是一個傳統的異性戀的機制，同性婚姻威脅婚姻機制。支持者反問「誰來定義婚姻？」，他們認為部分人不能定義另一部分人有否權利結婚。

2.婚姻的目的在於生育、繁衍。支持者反問，是否不育夫婦、不能生育的老年人就不可以結婚？

3.同性伴侶家庭對撫養孩子不利。支持者說，心理與社會學家認為，真正的區別不在於家長的性別和性傾向，而在於他們的愛。

4.同性婚姻不道德。支持者認為，道德標準不是固定不變的，法律不應該基於某一宗教的教義。

5.同性婚姻可能引發嚴重的社會問題，人類文明也許從此毀滅。支持者則從同性戀產生緣由，到目前同性戀者的生存現等角度來說明，此觀點危言聳聽、無法立足。

6.「婚姻」在大英字典的字源解釋為一男一女。支持者認為，字的解釋是不斷改變的，文字意義上的解釋，不能簡單應用於人類立法制度。

7.同性戀行為令人難以接受；同性戀群體愛滋等疾病傳染、吸毒等不良行為居多；同性婚姻幾乎違背所有的宗教教義等等。支持者認為，同性戀行為已經合法幾十年，那些指責並無真正實據，且這些與同性戀者能否結婚並非一件事情；而最後一條則顯然是將宗教教義與社會政策混為一談。

二、挑戰禁止同性結婚的立論

過去十多年來，同性伴侶在被州政府拒絕核發結婚執照後，紛紛提出告訴，主張政府對同性結婚的限制違背聯邦與州憲法。

（一）依據聯邦憲法

原告主張州政府對同性結婚的限制違背了聯邦憲法中的法律正當程序、法律平等保護，集會與宗教自由，並侵犯隱私權。但這些主張基本

上不被接受，主要障礙來自聯邦最高法院在1986年*Bowers v. Hardwick*[1]案的判決。該案裁決喬治亞州禁止雞姦的法律並不違憲，因為即使是經同意的同性之間的雞姦行為，亦非受隱私權保護的親密關係。聯邦最高法院認為，憲法對基本人權的法律正當程序，僅限於符合國家歷史及傳統的行為，而雞姦在傳統上是犯罪行為，所以不受保護。該案見解直至2003年才被翻案（見下文）。

另外，聯邦最高法院在1996年*Romer v. Evans*[2]案，對同性戀者則採取比較保護的立場。它判決科羅拉多州修訂憲法條文，將同性戀者視為一種特別的殘障人士，而且州政府在缺乏合理的政府利益下，禁止同性戀者向歧視者提出索賠，構成違憲。該案的判決基礎在於聯邦憲法的法律平等保護，法院並未進一步討論同性結婚是否也應該受到保障。另外，該案雖表明同志應該享有法律上的平等保護，但法院所採用的審查標準仍屬於「合理審查標準」，而非較高的審查標準。

（二）依據州憲法

原告主張限制同性結婚的法律也違背了州憲法中的法律正當程序、法律平等保護與隱私權，而由於不少州憲法的內涵給予個人的自由權的確大於聯邦憲法，州法院對此類案件的判決較為開放，同性結婚終於在幾個州有重大突破。

第二節　1990年代的發展

經由同性戀者的不懈努力，同性婚姻終於在1990年代有所突破。

---

[1] *Bowers v. Hardwick*, 478 U.S. 186, 106 S. Ct. 2841, 92 L. Ed. 2d 140 (1986).

[2] *Romer v. Evans*, 517 U.S. 620, 116 S. Ct. 1620, 134 L. Ed. 2d 855 (1996).

一、夏威夷州

1993年*Baehr v. Lewin*[3]案，夏威夷最高法院判定該州州憲中的平等保護條款，明文禁止性別歧視，因此同性婚姻應受到最嚴格審查。初審法院在最高法院將案件發回更審後，也否決了州政府所提出的各種政府利益，包括維護小孩福利，維繫生命乃婚姻目的，保護觀光業等，並禁止政府繼續拒絕核發執照給同性伴侶。最高法院1996年確認該判決。但就在該案上訴期間，夏威夷州立法機構提案並經選民同意修改州憲，限制只有異性可以結婚。州議會也在2006年通過《互惠受益法》（Reciprocal Beneficiaries Act），允許同性伴侶可以如同已婚者一樣，享有各項法律權益，包括相關健康福利，共同擁有財產，家庭暴力等等。

二、阿拉斯加州

1998年阿拉斯加法院在*Brause v. Bureau of Vital Statistics*[4]案判決，該州禁止同性伴侶不得取得結婚執照的法律，違背州憲中的隱私權。但之後不久，議會即提案並經選民通過修改州憲，限制只有一男一女才可結婚。

三、佛蒙特州

1999年*Baker v. State*[5]案，佛蒙特州最高法院判決：「依本州憲法精神，本州應將本州法律所賦予婚姻之各項權利及保護，延伸至同性夫婦。」該法院強調，該案判決係基於佛蒙特州憲法中的「一般權益」（common benefits）條款，該條款較聯邦憲法之平等法律保護更強，因為它對所有佛蒙特州的州民應享有同樣的法律權益，提出了正面保證，而非單純地禁止政府否認人民的權益。該法院同時表示，其判決並非依據「對同性親密關係在宗教上或道德上的認同」，而是依據「保護配偶的權益」。

----

[3]　*Baehr v. Lewin*, 74 Hawaii 530, 852 P. 2d 44 (1993).

[4]　*Brause v. Bureau of Vital Statistics*, 1998 WL 88743 (Alaska Super. Ct. 1998).

[5]　*Baker v. State*, 744 A 2d 864 (1999).

　　由於該判決，佛蒙特州的立法機構將同性婚姻納入該州的婚姻法及家庭關係內，以確保「所有佛州公民均能依州憲法得到應該享有的利益、保護及法律上的安全」。自2000年7月1日起，佛蒙特州同性戀者一旦向法官或教士申請「民事聯姻」執照，即可享有州政府賦予一般婚姻的一切權利，如繼承、醫療同意權、受益權、財產分配權，以及贍養費給付。佛蒙特州也因此成為美國第一個承認「民事聯姻」的州。依法，民事聯姻的當事人可享有異性婚姻完全相同的法律權益。

四、州與聯邦政府的反制

　　夏威夷州及佛蒙特州的判決是爭取同性婚姻的重要突破，但也因此在美國引起很大的反彈，而且紛紛採取法律行動，加以抵制。

（一）州政府的反彈

　　2004年美國大選公投時有十一個州提出禁止同性結婚的提案，結果俄亥俄、喬治亞、肯塔基、密西西比、密西根、北達科他、阿肯色、蒙大拿、猶他、奧克拉荷馬等十個州以極大差距通過提案，而該年3月才批准三千多件同性婚姻的俄勒岡州也以些微差距通過。之後，這十一個州修正了州憲法，將婚姻明定為男女兩性的結合。保守派當時驕傲地表示：「同性結婚議題從未使美國陷入嚴重分裂。全國選民一致反對同性婚姻。」

　　現在美國已有超過三分之一的州通過立法州議會則通過立法或修改州憲，明定婚姻只限於一男一女的結合，其立法內容大多與聯邦的《保護婚姻法》類似，也因此被稱為迷你保護婚姻法。

（二）聯邦

　　1996年國會通過《婚姻保護法》（Defense of Marriage Act）[6]，正是對*Baehr*案的反彈。眾議院司法委員會認為同性戀破壞異性婚姻，因此必須立法對於異性婚姻加以保護。該法明定：(1)就聯邦法（移民法及取得政府

----

[6] Defense of Marriage Act, 28 U.S.C. § 1738(c), 1996.

福利等）而言，婚姻只限於一男一女之間的結合；(2)各州可以自行決定是否要認可同性婚姻，這排除了聯邦憲法中規定的互惠條款。

同性戀者認為該法剝奪他們在憲法上應有的權益，他們主張聯邦法對於所有依據州法結合的夫婦，均應給予平等待遇。也有法律學者認為該法排除互惠條款就構成違憲，但所有的挑戰至今並未成功。

第三節　21世紀的突破

儘管聯邦與州政府紛紛立法與修憲，希望能遏止同性結婚合法化的趨勢。但2003年聯邦最高法院在 *Lawrence v. Texas*[7]案推翻了 *Bowers* 案判決，裁定德州禁止雞姦的刑罰違背了被告的法律正當程序。該院顯然對法律正當程序採取了較寬廣的詮釋，讓個人在私密關係上的選擇得到保護。法院強調不能因道德上的不認可，讓經同意的私人性行為受到處罰，並說「我們的義務是定義自由，而非強迫推銷自己的道德立場。」大法官史卡里（Justice Antonin G. Scalia）在反對的意見中預言，該案判決將使各州禁止同性結婚、重婚、賣淫、亂倫等法律受到挑戰。誠如該預言，*Lawrence* 案對於同性結婚合法化的發展的確產生重大影響。

一、麻塞諸塞州

2003年，七對同性戀伴侶要求郡政府核發結婚執照遭拒後向法院提告，主張政府違背州憲法，因為州憲並未明文限制同性婚姻。麻州法院裁決，雖然普通法對婚姻的定義與立法動機，不允許州政府核發給同性判伴侶結婚執照，但該州限制結婚為兩位異性之間的規定缺乏合理的基礎，且違背州憲的法律平等保護條款。2004年2月4日麻塞諸塞州最高法院確認 *Goodridge et al. v. Department of Public Health*[8]，指出兩種婚姻間的平等地位和表達是「必須」的，這表示婚姻適用於同性間的結合，否則所有伴侶

---

[7]　*Lawrence v. Texas*, 539 U.S. 558 (2003).

[8]　*Goodridge et al. v. Department of Public Health*, 798 N.E.2d 941 (Mass. 2003).

之間的結合都應稱為「民事聯姻」。該判決在同年5月18日生效。按照相關法律，如果想提出推翻法院判決的州憲法修正案，至少需要經過州立法機關和公投的通過，即使通過了，也必須等到2006年才可執行。該案判決後，反對同性婚姻的人果然企圖經由立法與司法的管道推翻該判決。

首先，時任麻州州長的羅尼（Mitt Romney）依據《統一婚姻逃避法》（Uniform Marriage Evasion Act），將行使同性結婚的權利侷限於麻州居民。《統一婚姻逃避法》規定州政府可以拒絕承認居民為逃避州法限制，而到別州合法結婚的婚姻，麻州是少數採納該法的一州。

其次，麻州議會想通過「禁止同性婚姻，但承認民事聯姻」的立法修正草案，但未成功。之後，麻州反對同性結婚者又企圖用公投方式定義異性婚姻，但不排斥已經合法取得結婚執照的同性伴侶。同性伴侶立即向法院提告，挑戰該修法違背州憲禁止以公投方式「推翻司法決定」。麻州最高法院在*Schulman v. Attorney General*[9]案的判決中表示，麻州居民的公投並非想推翻司法決定，因該公投目的不是想推翻*Goodridge*判決，也不會影響該案當事人的權益，而是想在未來修改州憲。法院同時表示，只要議會連續兩個會期通過該公投草案，就可交由選民決定。但麻州議會在2007年第二次投票時未通過該草案，麻州同性婚姻合法化就此確定。

二、新澤西州

同性戀在新澤西州法院提告，主張州政府官員拒發結婚執照違背了州憲法中的法律正當程序、法律平等保護與隱私權。新澤西州最高法院在*Lewis v. Harris*[10]案判決，同性結婚雖不是基本人權，不受法律正當程序的保護，但政府禁止同性結婚確實違反州憲中的平等保護，議會必須在一百八十天內修改或制定婚姻法規，讓同性伴侶得到與已婚夫婦一樣的權利及福利。在之後，新澤西州議會採納了「民事聯姻」法律。

---

[9]　*Schulman v. Attorney General*, 447 Mas. 189, 850 N.E.2d 505 (Mass. 2006).

[10]　*Lewis v. Harris*, 908 A.2d 196 (N.J. 2006).

三、紐約州

2006年，紐約同性戀者向紐約法院提告，主張紐約婚姻法違背法律正當程序與平等保護，審理*Hernandez v. Robles*[11]案的多數法官認為，基於維持穩定的異性婚姻，讓小孩在父母的陪伴下長大，禁止同性婚姻的立法是合理的。法院不認為應該運用「嚴格審查標準」，因為該立法未侵犯基本人權，亦未構成性別歧視，因為它對男女同性戀一視同仁。

2007年，紐約法院在*Godfrey v. Spano*[12]案判決，州政府可以行政命令要求郡政府承認在其他州合法結婚的同性伴侶，雖然紐約州的州憲與州法並不允許同性婚姻。而且時任紐約州長的斯必策（Eliot Spitzer）也提出「婚姻平等草案」（Marriage Equality Bill），希望能實現他在競選時的承諾，將紐約變成美國第二個同性婚姻合法化的州。斯必策2008年3月因行為不檢辭職下臺，其願望並未實現。

四、華盛頓州

華盛頓州最高法院2006年在*Anderson v. King County*[13]案判決，由於同性戀者並非「可疑類別」，與同性結婚非基本人權，隱私權並不包括讓同性的人結婚，因此禁止核發結婚執照給同性者並未觸犯州憲中的法律正當程序、平等保護與隱私權，小孩的利益就足夠成為政府合理的基礎。該判決雖然拒絕了原告爭取結婚的要求，但不排除讓同性伴侶得到與已婚夫婦相同的法律權益。

在*Anderson*案後，華州議會通過了「家庭合夥關係」的立法。

五、加州

2000年加州選民公投通過，婚姻僅在「一名男人與一名女人間才有

---

[11] *Hernandez v. Robles*, 821 N.Y.S.2d 770 (N.Y. 2006).

[12] *Godfrey v. Spano*, 836 N.Y.S.2d 813 (N.Y.Sup. Ct. 2007).

[13] *Anderson v. King County*, 138 P.3d 963 (Ash. 2006).

效」的第22號提案。2004年2月，舊金山市長紐森（Gavin Newsom）決定為同性伴侶頒發結婚證書，隨即被加州政府認定違法。舊金山市政府和支持者提起訴訟，主張因為加州禁止同性結婚的法律違憲，因此他們可以不遵守。同年加州最高法院在*Lockyer v. City and County of San Francisco* [14]判決，舊金山郡官員不具有司法權力決定加州法規合不合憲，因此不得為同性伴侶頒發結婚證書。

*Lockyer*案後，有數十對同性伴侶提出訴訟，加州最高法院七名大法官2008年5月15日，在*In re Marriage Cases* [15]以四比三多數裁決，加州法律將婚姻關係限定於異性之間的條款違背了美國憲法，所有加州人不分性別都應該享有組織家庭的權利。首席法官喬治（Ronald George）在多數意見中引用了兩個法律基礎解釋其判決。首先，他表示，結婚是基本人權，是一個人依據他個人的選擇來組織家庭，與家庭成員的性別無關；既然加州都已經允許同伴侶登記「民事聯姻」，享受及承擔與異性夫婦同樣的法律權利與義務，州政府沒有任何限制同性結婚的理由。其次，大多數法官認為性傾向是「可疑類別」，因此以性傾向作歸類，就應接受「嚴格審查標準」，加州政府缺乏「迫切利益」不承認同性結婚。

全美國支持同性戀的團體與支持同性結婚者對以上判決欣喜若狂，有人比喻該案是美國文化和政治的一個重要轉折點，有如1954年廢除種族隔離，允許黑人、白人同校的判例 [16]，和1973年有關墮胎合法化的判例 [17]。反對方則表示，加州選民既於2000年以公投方式通過異性婚姻案，加州最高法院判決顯然已越權。他們立即決定在同年11月大選時交由選民決定，希望藉公投推翻該判決。

不過根據上述判決，6月16日下午5時起，同性婚姻在加州生效。當天下午5時1分開始，加州政府婚姻註冊辦事處的工作人員開始為同性新人發出結婚許可證。據統計資料顯示，加州自2008年6月16日同性婚姻正式生

----

[14]　*Lockyer v. City and County of San Francisco*, 33 Cal.4th 1055 (2004).

[15]　*In re Marriage Cases*, 43 Cal.4th 757 (2008).

[16]　*Brown v. Board & Education*, 347 U.S. 483 (1954).

[17]　*Roe v. Wade*, 410 U.S. 113 (1973).

效，至9月17日的三個月間，已有一萬一千四百多對同性伴侶登記結婚。另據加州大學洛杉磯分校（UCLA）研究報告指出，約有五萬至十萬對居住在加州的同性戀伴侶，會在未來三年內結婚，又由於加州開放外州居民前來登記結婚，未來三來內，將會有六萬多名其他州的同性伴侶來加州結婚，而這些同性戀者可望為加州帶來逾六億美元的經濟收益。

·加州通過第八案

　　2008年底大選，共有加州、阿諾桑那和佛羅里達三州提出修改州憲，禁止同性結婚的公投案，其中又以加州提出的第八案最受到全國高度關注。不僅總統、副總統、參眾議員候選人被逼表態，全美各大媒體爭相報導評論，第八案正反兩方收到的捐款更高達七千四百萬美元，使該案成為美國有史以來非關經濟利益的最昂貴公投案。堅持傳統家庭的團體擔心該案不過，會影響未來走勢，不僅慷慨解囊，還有成員專程從各州跑到加州來支持第八案。

　　在大選期間，根據各家民調公布的數字顯示，第八案的反對者始終超過支持者。當然，民調也顯示，許多反對第八案者並不支持同性婚姻，有人是基於「維護憲法」，不贊成公投過半就直接修改州憲，有人是相信「分開不是平等」（separate is not equal），不願意「讓同性戀淪為二等公民」，而反對該案。且不論選民反對的理由為何，民調數字與知名政治人物、好萊塢明星加持，第八案一直被認定不可能通過。不料11月4日開票結果，第八案竟以五成二的多數通過。但該結果與2000年表決「是否同意立法禁止同性婚姻」時，有六成一加州選民支持，投反對票的選民僅占三成九，還是有明顯的轉變。

　　第八案的支持者欣喜若狂，強調只有修改加州憲法，明訂「只有一男一女的婚姻有效，並被加州承認」，才能有效維護傳統婚姻。失望的同性戀與人權團體則已向加州最高法院提出三項訴訟，要求該院推翻第八案，也要求確保自6月到11月大選前，在加州依法結婚的一萬八千對同性配偶的婚姻繼續有效。

　　據檢討，第八案之所以會通過，與支持該案陣營最後一個月的策略成功有關。一是他們決定以學校教育為其宣傳重點，在電視廣告及寄發的

文宣上，大力宣傳一旦第八案通過，公立學校就將開始宣導同性結婚，教會若不替同性者證婚也將遭到處罰。這些「嚇人的策略」雖非事實，但顯然產生效果。二是他們展開草根運動，廣發支持第八案的小旗子，讓原本不敢公開支持該案者，藉著將小旗子掛在自家門口，表達他們的支持，也讓更多人跟進。此外，黑人的高投票率也導致該案的通過。黑人反對同性戀者一向居多，而投票率不高的黑人此次為支持民主黨總統候選人歐巴馬（Barack Obama），投票率特高，幾乎占到加州選民的一成，他們在投歐巴馬的同時，也投下了支持第八案的公投票。

六、康涅狄克州

2004年七對同性伴侶申請結婚證書被拒後上告法院，主張他們在康州憲法上應有的平等保護權利被剝奪。2005年康州通過民事聯姻法。2006年康州初審法院*Kerrigan v. State*[18]案判決，州政府允許「民事聯姻」，拒絕同性結婚的法律並未違背州憲，敗訴者立即上訴至康州最高法院。

康州最高法院2008年10月10日推翻初審法院的判決，裁定該州禁止同性結婚的法律，違反州憲中的法律平等保護原則，「民事聯姻」與同性結婚並不一樣，同性伴侶有合法結婚的權利[19]。康州就此成為繼麻州、加州後，美國第三個承認同性婚姻的州。

在上述判決後一小時內，第一對同性伴侶及辦理了結婚手續，並順利地取得結婚證書。《紐約時報》當時還以社論盛讚康州的判決來得及時，會有助於三州選民，特別是加州人，於11月4日大選日投票反對以修改州憲的方式定義婚姻[20]。

---

[18] *Kerrigan v. State*, 49 Conn. Supp. 644 (2006).

[19] *Kerrigan v. State*, 289 Conn. 135 (2008).

[20] http://www.nytimes.com

第四節　解除同性伴侶關係

同性伴侶既然可以在某些州登記結婚，辦理「民事聯姻」或「家庭合夥關係」登記，就自然會有離婚或解除聯姻或合夥關係的時候。他們如果在原來結婚或登記「民事聯姻」或「家庭合夥關係」的州，離婚或解除關係問題不大，但他們如果移居至別州，特別是不承認同性婚姻或民事聯姻或家庭合夥關係的州，就會產生管轄權的問題。同時，比利時、加拿大、荷蘭、南非與西班牙等國已先後承認同性婚姻，當外國同性伴侶移居美國後要辦理離婚，也將產生法律糾紛。

一、在原州解除關係

同性伴侶在原本登記結婚的州可以辦理離婚，也可在原本登記家庭合夥關係的州解除「家庭合夥關係」。但同性伴侶在辦理解除「家庭合夥關係」時，必須先證明曾合法依據該州規定登記二人關係，否則法院沒有管轄權[21]。

二、在其他州解除關係

當同性伴侶移居至別州要離婚或解除「家庭合夥關係」，就可能發生困難。聯邦《婚姻保護法》排除了聯邦憲法中規定的互惠條款，任何一州都可以拒絕承認其他州同性之間的合法婚姻，而拒絕承認同性婚姻或「家庭合夥關係」的州法院，就不具有辦理離婚或解除「家庭合夥關係」的管轄權。另外，如第二州的州法或州憲明訂唯有男女結合才是有效婚姻，該州法院依法不得承認同性婚姻，當然也無權辦理離婚。但即使移居州法院拒絕辦理離婚或解除「家庭合夥關係」，該州法院依然可以依據契約法判決二人之間的契約有效，讓受有損害的伴侶可以向違約的伴侶索賠[22]。

---

[21] *Velez v. Smith*, 48 Cal.Rptr.3d 642 (Ct.App.2006).

[22] *Hernandez v. Robles*, 805 N.Y.S.2d 354 (App.Div. 2005) & *Gonzalez v. Green*, 831 N.Y.S.2d 856 (Sup. Ct. 2006).

第五節　同性婚姻合法化的前景

　　為防止法院逕自判決同性婚姻合法，或議會通過相關法案，美國目前有二十七州透過修憲，在州憲法中明定，只有男女之間的婚姻才算有效。2008年，加州與康州最高法院先後判定同性婚姻有效，使承認同性婚姻的州數增為三個，不料同年11月大選，加州選民通過修改州憲，禁止同性結婚的公投案，也使同性婚姻是否可在加州維持有效產生變數。

　　儘管2000年至2008年所有公投結果顯示，多數美國人還不願意以選票承認同性婚姻合法化，但從2008年加州第八案所受到的高度關注，以及正反雙方激戰的過程來看，美國民意還是有所轉變，也因此可知，美國同性婚姻的爭議，與其衍生的法律戰爭，絕不會到此截止。

　　美國個別州通過同性婚姻合法化，已帶來一系列法律上的挑戰。目前除麻州、加州、康州、紐約等少數州外，其他州均可能拒絕承認同性婚姻，或民事聯姻，或合夥關係的合法性，同性伴侶一旦遷居，即將面臨一系列的問題，例如同性配偶在離婚或死亡時財產應如何分配或繼承，法院應如何裁量子女監護權，同性配偶是否可享有健保福利、領取死亡配偶的退休金，同性配偶是否可代另一配偶行使醫療決定等等問題。

　　至於要如何徹底解決因各州法律不同造成的困擾，依作者看，只有兩個途徑。一是聯邦最高法院對同性婚姻案進行判決，二是修改聯邦憲法，增訂婚姻定義。有關前者，雖然家事法在美國一向屬於各州政府的範疇，但只要案件與聯邦憲法有關，聯邦最高法院就可審理判決，只是美國當前主流民意對此議題傾向尊重各州的決定，該院可能不會在短期間審理此類案件。至於後者，美國參議院曾於2006年，以四十九比四十八，否決了禁止同性結婚的修憲草案，離推動修憲案所須的六十票有一段距離。2008年大選結果，參議院共和黨席次更為減少，應不至於在短期間再度提出類似修憲案。

第三章
婚姻關係

　　兩個人一旦結婚，就展開了獨特的婚姻關係，一方配偶對他方配偶可享有一定的權利，也必須負擔一定的義務。

　　本章旨在介紹美國夫妻之間在婚姻關係存續中的法律關係，以及他們與第三者的法律關係。這個領域通常受到注意的問題有以下四點：(1)夫妻之間的權利及義務；(2)配偶如何以契約改變其法律關係；(3)政府如何在維護婚姻制度及保障配偶個人權利兩者中取得平衡，以及(4)政府如何在平等對待雙方配偶的同時，設法彌補以往性別歧視對女性造成的不平等待遇。

第一節　婚姻關係的變革

一、歷史背景

　　夫妻之間的法律關係，在過去一百五十年中產生極大的變化。傳統上，先生為一家之主，對所有的財產享有所有權及管理權；先生有權要求妻子的服務，但也有養她的義務。妻子不具有法律人格，不能擁有或管理財產，不能以自己的名義提出告訴或被告，也不能立遺囑。19世紀中葉，女人開始有權管理屬於自己的財產，亦開始有權利以自己的名義提出告訴及被告，但女人得到較全面的平等地位則是1960年代以後的事。

　　婚姻法亦有極大的變化。19世紀時婚姻被視為一個不可分離的主體，這個主體由先生作主，現代婚姻則被視為兩個平等個人的合夥關係，不必有任何過失即可終止，而配偶個人的權利，也愈來愈比婚姻的隱私權受到重視。

　　婚姻法的改變一部分源自聯邦及州的立法，例如美國各州在19世紀中

葉先後通過《已婚婦女財產法》（Married Women's Property Acts），恢復已婚女人的法律人格權，讓妻子有權掌管自己的財產；一部分根據聯邦最高法院的判決；但更大的改變是因為各州法院法官在判案時，將普通法注入新的理論，改變了甚至取消了舊的法律。

二、憲法之性別平等革命

1970年代，美國聯邦最高法院透過一連串判例，裁決對性別有差別待遇之聯邦及州立法違憲，原因是它們違背憲法的「法律平等保護」原則。

1976年*Craig v. Boren*[1]案，聯邦最高法院宣判男人到二十歲才可以喝酒，女人則只要滿十八歲即可喝酒的法律違憲。聯邦最高法院在該案對檢視性別區分是否合憲時，建立了一個新的「中間檢查標準」，要求「政府在制定以性別為區隔的法律時，必須證明它有重要之政府利益」。該案後，聯邦最高法院多次判定，政府依據女人必須依賴丈夫，或女人專屬於家庭領域之原理，所制定的區別性別的立法是違憲的。這種標準並非「性盲」（sex-blind），它主要的目的是要補償女人在過去所受到的不公平待遇。

聯邦最高法院在1977年的*Califano v. Webster*[2]案判定，《社會安全法》（Social Secuirty Act of 1935）[3]給退休女人較高的退休金，以彌補女人遭受年齡上的歧視是合憲的，當然這種標準也曾應用於不利地位之男人身上，例如1979年*Orr v. Orr*[4]案，聯邦最高法院就判定阿拉巴馬州規定只有男人應給付贍養費的法律違憲。

總體而言，美國聯邦最高法院持續地否決對女人在教育上、經濟地位上、自主權及獨立上不利的立法，對提升女人的地位有重大貢獻。現代婚姻中的夫妻地位已逐漸趨於平等，只是女性的收入至今仍低於男性，「男

---

[1] *Craiz v. Boren*, 429 U.S. 190, 97 S. Ct. 45, 50 L. Ed. 2d 397 (1976).

[2] *Califano v. Webster*, 430 U.S. 313, 97 S. Ct. 1192, 51L. Ed. 2d 360 (1977).

[3] Social Secuirty Act of 1935, 42 U.S.C. §§ 301 et. ecq.

[4] *Orr v. Orr*, 440 U.S. 268, 99 S. Ct. 1102, 59L. Ed. 2d 306 (1979).

「主外女主內」之性別意識型態依舊存在，因此，追求性別平等仍是美國家事法的重點。

第二節　夫妻之間的服務及支持

在美國，任何人均有支持其配偶及提供服務的責任，但基於「家庭隱私權」（family privacy doctrine），大部分州都不允許任何人在婚姻中，就配偶不履行支持義務提出告訴。法院也認為夫妻之間如何用錢不應由法院決定，只要家庭可以維持，夫妻同住一起，就不構成遺棄。很多學者批評法院這種態度是偏袒較有權力的一方配偶，違背兩性平等原則。

一、需求理論

「需求理論」（doctrine of necessaries）在《已婚女人財產法》通過前被大量使用，主要是讓妻子能從丈夫取得最基本的生活所需（通常包括食物、衣服、住家及醫療），而提供妻子生活所需的債權人也可直接向她的丈夫索取費用。

由於該理論只要求丈夫向妻子負責，違背兩性平權原則，各州早已透過立法或判例，不是廢除該理論，就是改為夫妻必須互相支持，任何一方配偶的債權人均可向債務人的配偶索賠。也有的州規定債權人必須先向實際使用服務者提出要求，在無法取得時，才可向其配偶索賠。

二、法定的支持義務

很多州訂有《家庭開銷法》（Family Expense Act），規定夫妻有相互支持的義務。該法原來是為了保護債權人，現在則轉為夫妻二人都必須支付家庭所需開銷。

三、夫妻之間的服務契約

法院不願執行夫妻間為提供對方財物或服務所簽訂的契約，因此，約

定夫妻之一方要求對方支付多少生活費，或一方配偶為另方配偶辭職搬家的協議，通常被判定無效。法院這種立場備受批評，而且很多夫妻不管所簽協議有無法律效力，仍以簽約方式約定彼此之間的承諾，以及他們選擇的生活方式。

四、夫妻之間的財產契約

對於夫妻之間以契約方式改變動產及不動產原來之所有權，法院普遍採取支持的態度。因此，凡是雙方在自由意志下所簽署的有關如何持有及處分財產的契約，法院通常予以承認。

第三節　財產所有權及管理權

美國五十州中有四十一州繼續採用普通法的夫妻財產制度，另外九州則改為共同財產制。

一、普通法財產制州

美國大部分州採取源自英國普通法的財產制度，亦即登記是誰的，誰就是所有權人及管理權人。雖然配偶有相互照顧的義務，但除非雙方願意把財產放在一起或以共有方式登記產權，否則各自擁有及管理自己的財產，所以延用普通法的州，又被稱為「分別財產制州」（separate property jurisdiction）。

在這些州內，夫妻如果在買不動產時採取「共同持有」（tenancy in common）、「互繼共同持有」（joint tenancy），或「夫妻共有」（tenancy by the entirety）等登記方式持有不動產，該財產即歸夫妻共同持有，任何配偶不得主張它為個人之分別財產。

自從婚姻被認定為兩個平等個體的合夥關係後，分別財產制州的法院在分配離婚夫婦的財產時，會先區分哪些財產是「分別財產」（separate property），那些財產是「婚姻財產」（marital property），再作分配。婚

姻財產是指雙方配偶在婚姻關係存續中所取得之所有財產，除非雙方另有約定。分別財產則為一方配偶在婚前取得之財產，婚姻關係存續中所得之贈與、遺產、個人傷害所得之賠償及夫妻之間以書面約定的分別財產。至於一方配偶在婚姻關係存續中取得的專業執照或文憑、退休金及第三者贈與給雙方之禮物，一般亦被認定為婚姻財產。

二、共同財產制州

美國有九個州是「共同財產制州」（community property jurisdictions）——阿諾桑那州、加州、愛德荷州、新墨西哥州、內華達州、德州、華盛頓州，路易斯安那州及威斯康辛州。依據共同財產制度，任何配偶在婚前取得的財產為其分別財產，在婚後因繼承、贈與所取得的財產亦為分別財產，而其他所有在婚姻關係存續中取得的財產均則為「共同財產」（community property），不管財產登記在何人名下。因此，在婚後才開始經營的生意及專業執照是共同財產，婚後任一方配偶的薪水及收入亦為共同財產。

（一）加州的財產認定

加州是最具有代表性的共同財產制州，值得特別介紹。

在加州，分別財產是指一方配偶在結婚前，離婚後或分居後所擁有的財產，以及在婚姻關係存續中得自繼承或贈與之財產。因個人傷害所得的賠償則須依受傷時間（婚前或婚姻中），以及取得賠償時間（婚姻中、離婚或分居後），決定其為分別財產或共同財產。

共同財產是指雙方配偶在婚姻關係存續中取得，而非夫或妻之分別財產之所有財產，包括：

1.受僱之酬勞、包括工資、薪水、退休金。

2.自雇：

　(1)法律、醫生、會計師等專業所得收入。

　(2)投資業：(a)如以錢賺錢，投資的錢是分別財產，所賺的即為分別財產，

　　　　(b)如賺錢是因投資配偶投注了時間、技術、精力，其
　　　　中一部分應為共同財產。
　　3.文憑或執照：如一方配偶在婚姻關係存續中取得文憑或專業執照，
使其賺錢能力增強，該文憑、專業執照應為共同財產。

（二）混合與追蹤

　　共同財產州雖清楚界定共同財產與分別財產，但有些夫婦常常把自己
的分別財產與共同財產「混在一起」（commingle），例如把屬於自己分
別財產的錢存入夫妻共同帳戶，再用共同帳戶的錢去買東西，那麼所購買
之物究竟是共同財產，還是分別財產，即產生問題。

　　這些州的法院認為，在婚姻關係存續中購買之物都被認定為共同財
產，因此一方配偶若想要證明某一件特定物品為其分別財產，就必須「追
溯來源」（tracing），提出充分證據，證明他以分別財產取得該物品。以
下是當分別財產與共同財產混在一起時，加州法院界定分別財產或共同財
產的原則：

　　1.銀行帳戶：如其中一部分是分別財產，一部分是共同財產，一般被
認定為共同財產，但任何一方配偶都可採用追蹤方法，證明帳戶存款為其
分別財產。

　　2.人壽保險：如保險金一部分用分別財產支付，一部分用共同財產支
付，在離婚時可採追蹤方法，計算出分別財產與共同財產的比例。

　　3.婚前擁有之生意或房產：如一方配偶在婚前即擁有的生意，或房地
產，在婚姻關係存續期間增值，其增值部分可能成為共同財產：

　　(1)分別財產之生意：如是房租、分紅，應為分別財產；如任何分別財
　　　產之生意，需要所有者配偶投入時間、技術、精力，其增值的部分
　　　就應屬於共同財產。

　　(2)房地產

　　　(a)當分別財產用在共同財產的房地產上（例如支付貸款、稅金、
　　　　修理費、加蓋費），該房地產的一部分即變成分別財產。

　　　(b)當共同財產用在分別財產的房地產上（例如支付貸款、稅金、
　　　　修理費、加蓋費），該房地產的一部分即變成共同財產。

（三）共同財產的管理權

過去共同財產都由先生管理，但隨著以男性為主的法律逐漸消失，共同財產的管理權亦有所改變。有些財產及交易可由任何一方配偶獨自管理，另一些財產的交易則須經由夫妻雙方同意。雖然州與州之間有所不同，但大部分州均規定，任何一方配偶可以處理一般交易。

・加州共同財產之管理權

在加州，夫妻有平等權利管理共同財產，並可獨自處置共同財產，但在轉移共同財產時，必須遵守以下規定：

(1)贈與：必須經過配偶書面同意，否則不同意之配偶可以訴請贈與無效，或取得一半之價值。

(2)出售動產：一般財物出售不需配偶同意，但如出售物品為家庭內部傢俱，或另一配偶之衣物，就必須取得配偶同意。

(3)出售不動產：未經配偶之書面同意，不得出售或出租（超過一年）不動產。不同意之配偶，可以告第三者（除非是善意的第三者），亦可控告出售配偶，要求損害賠償。

第四節　婚姻關係中的權利及義務

一、婚姻隱私理論

在各州通過《已婚婦女財產法》後，法院開始以「婚姻隱私理論」（doctrine of marital privacy）為由，迴避審核夫妻之間的對待方式，以及在家庭內部所發生的事。這種婚姻隱私理論在1965年*Griswold v. Connecticut*[5]案判決中，更被發揚光大，聯邦最高法院判決康州員警進入臥房搜索避孕藥，侵犯了夫妻的隱私權。

婚姻隱私理論雖然讓夫妻在婚姻中的隱私受到尊重及保障，但聯邦最高法院過分使用該理論，導致員警不願意處理強姦或婚姻暴力案件，連法

----

[5]　*Griswold v. Connecticut*, 381 U.S. 479, 85 S. Ct. 1678, 14L. Ed. 2d 510 (1965).

院也不願處理丈夫惡意遺棄妻子的案件，使婚姻暴力受害者，以及沒有經濟自主能力的家庭主婦投訴無門。這種情形一直到1972年才有所改變。

二、個人自主權

1972年*Eisenstadt v. Bairdm*[6]案，聯邦最高法院判定麻州禁止出售避孕藥給未成年人的法律是違憲的，大法官指出該法律違背法律平等保護原則，未婚者雖然不受婚姻隱私理論保護，但如果未婚者與已婚者情況相似，法律不應該有差別待遇。該案把婚姻隱私賦予新的解釋，也就是每一個配偶均有自己的個人隱私權，而「已婚夫婦不是一個單一的個體，而是兩個各自有獨立智慧及情緒的人之結合。」*Eisenstadt*為家庭法創造了一個新的方向，從此法律開始尊重每一個配偶的個人權利、自主性，以及婚姻中的平等關係。

在*Eisenstadt*案件後，婚姻隱私權及個人自主權這兩個不同的理論，成為解決家庭問題的兩個方針。婚姻隱私權強調法院及州政府應尊重家庭的主體性，政府應儘量不干涉家庭內部的事；個人自主權理論則要求政府干預家庭內部的事，保護較弱勢的配偶，以及維護配偶之間的權力平衡。婚姻隱私權及個人自主權這兩種理論至今仍然存在，但法律已較注重對每一位配偶的保護，而非婚姻的隱私，也因此造成夫妻之間關係的重大改變。以下是目前美國夫妻在婚姻中相互的權利及義務：

（一）姓氏

在普通法下，已婚婦女習慣冠夫姓，但法律並未硬性規定。當代女人在婚後可以保留並使用原來姓氏，亦可選擇在夫姓外保留原姓。另外，過去女人在離婚後需要得到先生同意才能改姓，現在很多州法則明文規定允許女人在離婚時恢復原姓。

至於小孩的姓氏，過去只有非婚生子女可以從母姓，現在很多州法規定父母親可以自己選擇採用父姓、母姓，或綜合二者的姓氏。在二人堅持

---

[6]　*Eisenstadt v. Bairdm*, 405 U.S. 438, 92 S. Ct. 1029, 31L. Ed. 2d 349 (1972).

不下時，法院會依「子女之最佳利益」原則做裁決，該原則通常包括小孩的意願、改姓對於親權的影響，以及家長的動機。

（二）住所

在普通法下，女人在結婚後沒有建立、改變或保留自己住所的權利，法律規定先生的住所就是她的住所。1971年《法律衝突法第二次整編》（Restatement (Second) of Conflict of Laws）允許在特殊狀況下，不跟丈夫住在一起的女人可以有分別的住所。之後，立法與判例大幅度地修改了普通法，1988年修訂的《法律衝突法第二次整編》也開始允許女人，不論其是否已婚，都有權選擇自己的住所。

（三）就業

在普通法下，已婚女人無法從事某些行業。19世紀，伊利諾州最高法院藉著女人婚後不能與人簽約為由，裁決已婚女人不能擔任律師，而聯邦最高法院在審理*Bradwell v. Illinois*[7]案時不但同意該判決，還主張單身女性亦不得執業，大法官布得尼（Justice Joseph P. Bradley）在意見中引用了「不同領域理論」（doctrine of separate spheres），表示男人屬於公領域，女人則屬於家庭的私領域。

近代，公司行號執行的「不僱用夫妻政策」（antinepotism policy或no-spousal employment policy），也不利於已婚婦女就業。該政策目的是為避免夫妻在同一個辦公室工作造成利益衝突，或因在工作場所爭執，或因夫妻同時請假，帶給公司困擾，但實踐的結果卻產生了女人結婚後就得離職的不公平情形。受害的女性挑戰該政策不僅違背結婚的基本人權，也構成雇主對婚姻狀態的歧視。

有員工控告雇主的「不僱用夫妻政策」違反了憲法賦予每個人結婚的基本人權，也有人主張該政策對已婚者構成歧視，違反州政府訂立的民權法案；在沒有民權法案的州內，原告只能主張該政策違反公共政策，而各州法院的判決不一。

----

[7] *Bradwell v. Illinois*, 83 U.S. (16 Wall.) 130 (1873).

（四）夫妻之間的侵權行為

普通法一向視夫妻是一個整體，因此有「夫妻之間免責理論」（interspousal immunity doctrine），禁止夫妻間互告侵權，但19世紀末葉通過的《已婚婦女財產法》已允許妻子就其財產控告丈夫侵權。之後州法與判例也開始逐漸廢除免責條款，目前任何一方配偶皆可因遭對方遺棄或傷害，提出侵權行為的告訴。但保險公司害怕夫妻共同詐騙保險金，通常會在保單中加入「家庭排除條款」，禁止住在一起的家人互告。

（五）服務損失

傳統上，只有妻子對先生有提供服務、伴隨及性的義務，因此法院只允許先生在妻子死亡或受傷時，對造成妻子受傷，或死亡的人，提出「服務損失」（loss of consortium）的告訴。現在照顧及提供服務是夫妻雙方面的權利及義務，因此任何一方配偶均可對第三者提出服務損失的訴訟。

（六）配偶強姦

1980年代中葉以前，妻子不能控告丈夫強暴，因為夫妻之間的強暴是免責的，其理由不外乎妻子是丈夫的財產，兩個人在婚後成為一體，婚姻契約包括提供性服務等等。近年來法律已有所鬆動，很多資料也顯示，妻子被自己信任的先生強暴所遭受的心靈創傷，比被陌生人強暴還嚴重，但《標準刑法》（Model Penal Code）卻因害怕一旦「配偶強姦」（marital rape）罪名成立，將會引爆太多刑事案件，並造成婚姻關係緊張，而不願作改變，並把夫妻強暴免責的條文延伸至「同居男女」。

近年來，愈來愈多州透過立法或判例廢除或限制夫妻強暴的免責條文。有些州規定夫婦一旦分居就喪失免責權，有些州在一方配偶提出法律程序後排除免責權，但夫妻間強暴免責權至今並非完全失效。

（七）婚姻暴力

過去警方為尊重婚姻隱私權而不願干預婚姻暴力，有時受害人也不願報案，近年來婚姻暴力則受到美國社會高度重視。為防治婚姻暴力，美國所有的州都先後制定核發保護令的相關規定，使被害人能迅速地得到

員警的保護。被害人在緊急狀況下可單方面向法院申請「暫時禁制令」（temporary restraining order），禁止加害人靠近被害人的住家、辦公室，或打電話給被害人。該命令同時可以讓申請人有暫時住在家中的權利，並取得子女的監護權，至於永久性之保護令，則須等法院開庭了解案情後才能核發。法院一旦核發保護令，會立即通知管區員警，員警在收到該通知後，必須隨時回應申請人的電話要求，如加害人違背保護令，則將會被逮捕。

近年來律師引進「受暴婦女症候群」（battered woman's syndrome）作為婦女受暴的證明。法院在開始時不是很願意承認該證據，但現多已允許該證據。該症候群係由心理學家瓦克（Lenore Walker）提出的一套理論，解釋暴力的週期（例如暴力會在緊張關係逐漸加強時發生），也說明女人長期處於受暴的關係中，已失去求助的動機。受暴婦女症候群最常用在長期受暴妻子殺夫的刑庭上，當被告引用自衛作為辯護時，她必須證明她合理地擔心將會遭受嚴重的肢體傷害。法院在考慮是否讓該症候群呈堂，主要是看該證據與受暴妻子的自衛是否有關。

國會在1994年通過《女人受暴法》（Violence Against Women Act of 1994）[8]，授權聯邦政府在撥款給州政府時，要求州政府實施婚姻暴力強制性逮捕措施，並改進員警及司法單位處理婚姻暴力案件的效率，聯邦政府亦應進一步地補助各州設立庇護所、熱線電話服務及教育課程的經費。該法案對加害人跨州傷害配偶或同居人，或加害人跨州逃避保護令等問題，亦提出一系列的防治方法。

---

[8]　Violence Against Women Act of 1994, 42 U.S.C. §§ 4014 et seq. (2000).

第四章
婚前及同居協議書

　　夫妻一旦結婚即受到法律的約束，在婚姻關係存續中，夫妻之間有一定的權利與義務，當一方配偶死亡或二人離婚時，法律對財產如何分配亦有一定規範。不少美國人在婚前以簽約的方式協議婚後的關係，也有同居而選擇不結婚的伴侶以簽約方式決定兩人之間的權利義務。

　　本章旨在介紹美國法律對婚前協議書及同居協議書的相關規定。由於兩者皆將以契約取代原來法律賦予夫妻或個人的權利與義務，法律必須一方面尊重個人有簽約的自由，一方面維繫婚姻制度。

第一節　婚前協議書

　　傳統上，美國只有相當富裕、年紀較長或前次婚姻有子女的人，才會在結婚前簽立「婚前協議書」（Premarital Agreement, Prenuptial Agreement，或稱Antenuptial Agreement），約定死亡時財產應如何分配。近年來，美國愈來愈多雙薪階級的夫妻在婚前簽訂協議書，主要是因為現代人比較願意先決定死亡時或一旦婚姻以離婚收場時，各方應該得到的財產。也因此，婚前協議書不再只處理死亡時財產的分配，離婚時應如何分配財產亦成為婚前協議書的主要內容。

　　由於婚前協議書是以契約取代夫妻二人原來在法律上應有的權利及義務，因此，它除了必須符合所有契約的要件，也必須符合社會公序良俗，而法院在審核婚前協議書是否有效時，對這兩項條件要求頗為嚴格。

一、契約要件

（一）形式

　　大部分的州都要求婚前協議書以書面為之，有些州還要求協議書必需經公證始生效力。但如果雙方已經開始履行義務，或一方作出承諾，對方因相信該承諾而改變自己立場，法院對協議書的形式要求則會有所通融。例如在1976年*T. v. T.*[1]維吉尼亞州的案例中，男女雙方口頭約定如果女方願意結婚，男方將視已懷孕女方之子女視為己生，在孩子出生後男方在出生證書上填寫自己為父親，四年婚姻中亦從未否認自己為其父親。在離婚時，男方表示協議書未以書面為之所以無效，他無需扶養小孩。法院判決女方勝訴，原因是女方因仰賴男方承諾，才未將小孩送人領養，所以男方不得以形式不合規避責任。

（二）合意

　　法院認為兩個即將結婚的人關係自然十分親近，因此要特別注意是否有一方被強迫簽署婚前協議書。法院以往一向較重視妻子對婚前協議書的抱怨，因為傳統上妻子在經濟上較依賴先生，對財務也比較無知，何況妻子總是被要求放棄權益的一方。近年來由於女性法律及經濟地位逐漸改善，法院對妻子的保護已不若以往。為證明簽署婚前協議書的雙方都在有自由意志的情況下簽署，婚前協議書應具備以下條件：

1.全盤揭露

　　雙方必須在協議書中對其擁有之資產形態及價值，作「全盤揭露」（full disclosure）；如一方有所隱瞞，可能造成協議書無效。但全盤揭露並不需要十分詳細的揭露，一方配偶對另一配偶財務狀況有獨立的認識，即可替代全盤揭露。而且，如協議書中訂有揭露條款，通常就被認定已做了揭露。

------

[1]　*T v. T*, 216 Va. 867, 224 S.E. 2d 148 (1976).

2.公平合理的分配

　　傳統上，法院要求婚前協議書必須在所有相關條件上做到公平及合理才算有效。即使丈夫未作完整的揭露，妻子如在離婚時能得到「公平合理的分配」（fair and reasonable distribution），法院也通常承認婚前協議書的效力。1977年*Schutterle v. Schutterle*[2]一案中男方承諾兒子只要他願意經營農場，將在死後把農場留給兒子。四年後男方再婚與女方簽下婚前協議書，雙方約定各自小孩只能繼承各自擁有之不動產，協議書並提及男方及兒子的約定。妻子在離婚時主張協議書無效，但法院認定該協議書有效，並表示只要配偶對另一方擁有之資產有足夠的了解，離婚時又得到恰當的分配，協議書即應視為有效。

　　法院在決定分配是否公平及合理時，有以下幾點考量：(1)當事人各別的財富，(2)各別的年紀，(3)各別的知識及商業經驗，與(4)之前的家庭背景。至於應該以什麼時間點來決定分配是否公平合理，有些法院是以協議書簽署時間來算，但愈來愈多法院以執行協議書的時間，也就是離婚時，來考量是否公平及合理。前者強調的是人有簽約的自由權，後者則強調公平分配。

3.自願

　　當代法院則愈來愈尊重契約當事人的意願，只要證明協議書是在兩人自由意志下所簽署，沒有任何一方受到脅迫或欺騙，法院通常就會認定協議書有效。各州法院對於何種行為構成脅迫有不同意見，但多傾向把簽署婚前協議書當作結婚條件並不算脅迫行為。此外，法院也傾向如當事人有獨立的律師在場，脅迫比較不容易發生。

4.獨立的諮詢

　　雖然法律未要求雙方配偶一定要有律師，但為避免有一方被脅迫簽署的嫌疑，雙方當事人應有各自獨立的律師。1972年*Friedlander v. Friedlander*[3]華盛頓州的案件中，婚前協議書約定婚前之財產將在婚後繼

---

[2]　*Schutterle v. Schuttlerle*, 260 N.W. 2d 341 (S.D. 1977).

[3]　*Friedlander v. Friedlander*, 80 Wash. 2d 293, 494 P. 2d 208 (1972).

續維持為各自之分別財產。協議書由男方律師撰稿,女方所得到的諮詢全來自男方。男方主要的資產是家族企業,在結婚時價值約為一百萬,其中三分之一屬於男方。在婚姻中,雙方依賴男方的薪水過活。離婚時,男方的家族企業價值升為一百三十萬,男方可保有其中三分之一,而妻子只得到很少的婚姻財產及每月五百元的贍養費。法院判決協議書無效,因為男方並未對其擁有之分別財產作詳盡的揭露,而且女方未得到充分、獨立的法律諮詢。

二、契約內容

婚前協議書除須具備契約要件,其內容亦是法院在決定協議書是否有法律效力的重要依據。

(一)死亡時的分配

以婚前協議書約定一方配偶或雙方配偶去世時財產如何分配,一向被法院視為合法有效,這也許是因為依據美國各州的繼承法,每一個人本來就可以訂立遺書,完全處分自己的財產(通常是立遺囑人全部的分別財產,以及一半的共同財產或婚姻財產),不像我國民法繼承編中規定家屬有特留分之故。

(二)離婚時的分配

在過去,利用婚前協議書約定離婚時,得到財務上的保障是不合法的,法院認為這種約定有鼓勵離婚之嫌,違背社會善良風俗。近年來,法院已逐漸能接受在婚前協議書中約定離婚時財產上的分配,理由是先約定財產如何分配,能減少雙方在離婚時的敵對,而且如可預先評估離婚的代價,也許有些夫婦就不會冒然提出離婚。但仍有些州反對在結婚前先決定離婚時的分配,畢竟離婚時的狀況很難預先掌握。例如1976年*Ranney v. Ranney*[4]堪薩斯州的案件中,男方在結婚前一天拿出婚前協議書,要女方

4　*Ranney v. Ranney*, 219 Kan. 428, 548 P. 2d 734 (1976).

同意放棄贍養費及財產分配，並表示如果她不簽，他就不願意結婚。十一年後兩人離婚時，法官判決協議書無效，因為「婚前協議書限制女方不能分配到任何婚姻中的資產是不公平的，亦違背公序良俗。」

1.第二次婚姻

　　如婚前協議書的當事人較年長，或其中一位第二次結婚，協議書中對配偶又有公平的分配，法院通常比較願意承認婚前協議書的效力。1972年*Volid v. Volid*[5]伊利諾州的案件中，男方是已結過三次婚、並有多名子女及孫子女的有錢老人，女方是一位從未結過婚的四十歲老師。協議書約定在婚後三年內離婚，女方只能取得五萬美金贍養費，如果三年後離婚將能得到七萬五千美金。女方在簽約前充分了解自己的權利及男方的資產，並經個別獨立的律師諮詢。婚後三年多，男方提出離婚，法院判定協議書有效。理由是雙方未經脅迫，在有充分了解的狀況下約定離婚時贍養費的金額，並不違背公序良俗。

2.財產分配與贍養費給付

　　如果婚前協議書主要是約定處理財產的方式，而不影響贍養費的支付，法院較容易接受。法院認為雙方當事人很難事先預估將來生活所需，而且基於公共政策考量，法院不希望任何人因失去配偶支持，成為社會負擔，所以在婚前協議書限定贍養費金額是不合理的。例如1978年*Connolly v. Connolly*[6]案，男方八十一歲，女方六十四歲，兩人之前均曾結過婚，婚前協議書中女方同意只接受，與其第一任丈夫退休金同額之贍養費。婚後六年女方提出離婚，法院判決她在未來八年，只能取得與第一任丈夫退休金同額之贍養費。女方上訴，上訴法院宣判支付生活所需與財產分配不一樣，協議書不得限制贍養費的金額。只是近年來，夫妻在離婚時通常以財產平均分配取代贍養費，區隔財產分配及生活費意義已經愈來愈小。

- - - - - - - - - - - -

[5]　*Volid v. Volid*, 6 Ill. App. 3d 386, 286 N.E. 2d 42 (1972).

[6]　*Connolly v. Connolly*, 270 N.W. 2d 44 (S.D. 1978).

3.使用文字

　　草擬婚前協議書時所使用的文字，對協議書是否有效影響很大。法院對協議書直接表明離婚時應如何分配財產，始終抱持比較保守的態度，倘若協議書廣泛地約定當事人如何看待婚後財產，如一旦分手各方當事人應保有哪些財產，法院則持同意態度。

（三）約定婚姻中的關係

　　法院對於夫妻在婚前簽約規範婚後生活方式一向不表支持，因此，如果協議書約定性行為、宗教信仰、不准離婚、小孩扶養方式與其他生活細節，法院通常不願強制當事人履行。但整體而言，法院能接受的約定已愈來愈多，而婚前協議書的內容亦日趨多元化。

三、《統一婚前協議書法》

　　「全國統一州法委員會」於1983年公布《統一婚前協議書法》（Uniform Premarital Agreements Act），美國目前有一半的州全部或部分採用它為州法，然而它只適用於法令生效後之協議書，在之前的協議書仍受普通法的約束。

　　《統一婚前協議書法》規定婚前協議書必須以書面為之，而其內容只要不違背公序良俗及法律，雙方當事人有權利約定財產如何分配、贍養費金額及他們在婚姻關係存續中、離婚時及一方死亡時的權利及義務。另外，即使婚前協議書中某些婚姻關係的約定被認定無效，法院也應拿該協議書，作為夫妻曾就未來作過規劃的證據。

　　依據《統一婚前協議書法》，子女扶養費不應受到婚前協議書的影響，但贍養費金額可以先行決定，只要該金額不至於造成一方配偶在離婚後成為社會的負擔。另外，基於公共政策，婚前協議書不能約訂配偶提供某種個人服務，或從事某些家務勞動。

　　《統一婚前協議書法》規定除非當事人是在不自願的情況下簽署，或協議書內容「過度不合理」（unconscionable），各州法院應該嚴格執行婚前協議書中的各項約定。「過度不合理」是指在簽約時一方當事人未得到公

平及合理的機會，知道對方的財務狀況。該法對於執行婚前協議書的自由立場，遭到不少學者批評，認為法律不該鼓勵任何人規避法律上的責任。

四、加州《統一婚前協議書法》

在加州，1986年1月1日後簽署的婚前協議書，必須符合加州通過的《統一婚前協議書法》修正版[7]，其相關規定如下：

（一）契約要件

婚前協議書必須以書面為之，並由二人親自簽名始生效力。為證明婚前協議書確由當事人親自簽名，當事人必須同時在加州公證人面前簽名，如當事人在臺灣，最好共同前往AIT，在AIT官員前簽名。

法院認為兩個即將結婚的人關係自然十分親近，因此特別注意是否有一方被強迫簽署婚前協議書。為避免被懷疑有一方被脅迫簽署，雙方當事人應有各自獨立的律師，如一方當事人堅持不願找律師，應另以書面表達自願放棄獨立諮詢的權利。

（二）協議書內容

1.當事人可在婚前協議書約定以下事項

1.任何一方配偶對於他在任何地方及任何時間，所擁有的各自或共同財產所擁有的權利與義務。

2.購買、出售、使用、貸款、放棄、出租、轉讓、抵押、管理財產的權利。

3.在分居、離婚、死亡或其他事故發生時對財產的處置。

4.為實現協議書之條款，簽署遺書、信託或做其他必要的安排。請注意：加州的繼承法雖對未亡人有一定的保障，但立遺囑人有權處分自己的財產（全部的分別財產及一半的共同財產）。

5.約定人壽保險的所有人及受益人。

7　Cal. Fam. Code §§ 1600-1617.

6.約定以何地法律作為協議書之準據法。

7.只要不違背善良風俗及刑法,有關個人權利與義務的其他約定。

協議書不得有對小孩扶養費不利之約定。另外,如果權利受影響的配偶在簽署前未取得獨立諮詢,或該條款在簽署時「過度不公平」,有關贍養費的約定(包括放棄)將無法執行。

(三)合約生效及修正

婚前協議書在雙方結婚時生效。任何之後的修正必須以書面為之,並由二人親自簽名始效力。

第二節　同居協議書

有鑑於法律對長期生活在一起但未結婚的伴侶沒有保障,美國愈來愈多的同居人以簽署「同居協議書」(cohabitation agreement)的方式,約定兩人在同居期間或分手時可享有的權利及應盡的義務。

一、合約之效力

依據契約法,兩個同居的人所簽訂的合約與其他任何簽約的效力是一樣的。由於未婚同居在美國極為普通,兩個成年人自願生活在一起,自然應該有權利自行安排他們的收入及財產所有權。

同居協議書的內容,通常包括同居期間兩人之間財物如何交換、互相提供何種服務,以及一旦分手兩人如何分配在同居時取得之財產。如有一方放棄職業留在家中,協議書通常包括他應得到何種生活保障,並有分享另一方收入之權利。由於賣淫是非法的,因此規範一方須提供性服務,另一方須支付金錢的協議書無效。

二、與婚前協議書之比較

　　以上兩種協議書均為私人間的契約，但在法律上卻受到不同的待遇。在婚前協議書方面，法律雖然尊重當事人自由訂約的權利，但更重視夫妻間法定之權利及義務，畢竟婚姻是一項法律行為，應受到政府的管理。因此，如雙方在婚前協議書中的約定，與配偶在法律上應有的權利、義務大不相同，法院往往不願強制執行。同居協議書則與婚前協議書不同，法律對未婚而只是同居的兩個人並無特殊保障，因此，協議書除不能約定提供性服務外，其他幾乎所有約定均屬有效。因此，同居協議書如約定一方同居人留在家中洗衣、做飯，另一方每週支付美金五百元，並不違背公序良俗。

　　實務上，通常只有長期共同生活卻不能合法結婚（如同性伴侶），或基於個人理念不想結婚的人，才會簽訂同居協議書。雖然同居人可如夫妻一般，要求對方揭露其所有財產，但如同居人未作詳細、正確的揭露，法院並不因此否決協議書之效力。另外，兩個人分手時，當事人的權利及義務通常僅限於協議書中所約定的事項。

三、同居人分手時的非契約補償

　　即令未簽署同居協議書，法院有時會對同居時間相當長的同居人給予合理的金錢補償，以補償同居人在同居期間所提供的服務。法官有時也引用「信託」（trust）的理論，要求經濟較好的一方以金錢補償經濟較差的一方。其中最有名的案例就是加州最高法院1976年對 *Marvin v. Marvin*[8] 案。明星李馬文與同居人——米雪兒馬文，同居七年後分手，米雪兒主張李馬文應支付她生活費及李馬文在同居七年中所得財產的一半。米雪兒雖然最終並未取得任何補償，但加州最高法院在該案判決中指出，即使同居人未簽約，但如其行為構成「暗示契約」，法院可依據信託原則給予經濟較差的一方合理的補償（案件相關內容，請參考本編第一章第五節）。

---

[8]　*Marvin v. Marvin*, 557 P.2d 106 (Cal. 1976).

「馬文理論」（Marvin Doctrine）從此形成，並被不少法院引用。

　　一般而言，同居人所提供的服務如僅限於從事家務勞動及陪伴，通常不會得到任何補償。如果同居人共同作生意，分居時，法院通常會引用合夥人拆夥的原則，將生意分割，平分給兩個人。如果兩個人持有共有且不可分割之財產，分居時，法院會將該財產轉換成共有但可分割之財產。目前只有華盛頓州一州在審理同居很久、關係穩定的伴侶分手案件上，採取共同財產州夫妻離婚時的財產分配方式，處分同居人的財產。

第五章
離婚

直至19世紀，婚姻還是一個永久的承諾，離婚不但困難昂貴，而且對夫妻雙方都是一個陰影。州法院很少允許離婚，除非有一方配偶被證明有嚴重的失當行為。加州在1968年通過無過失離婚法，排除了將過失作為離婚的基礎。夫妻雙方從此只要表示有「不可調解的歧異」，即可宣告婚姻破裂，而且行為不當的配偶不再被剝奪分配財產或取得贍養費的權利。1974年「全國統一州法委員會」修訂了《統一婚姻及離婚法》（Uniform Marriage and Divorce Act）允許以「不能挽回的破裂」，或分居達六個月作為離婚基礎，而配偶的不當行為與贍養費、財產分配及監護權無關。在之後，大部分州完全或部分接受了加州無過失離婚法或《統一婚姻及離婚法》的內容做為州法。此外，「美國法律學院」2002年提出的《離婚法的原則：分析及推薦》（Principles of the Law of Family Dissolution: Analysis and Recommendations），對於離婚時夫妻應有的權利、小孩監護權的歸屬有很好的整理與釐清作用。

本章討論的重點在於離婚、分居的條件與程序，以及州法院對離婚案件的管轄基礎。

第一節　法院及管轄權

離婚在美國必須經過法院程序並取得法院正式命令，而州法院是唯一可以合法結束婚姻的機構。美國聯邦最高法院在*Boddie v. Connecticut*[1]一案中確認「婚姻關係具有社會特殊價值，州政府對結束婚姻有完全的管轄權」，因此，康州法院不受理付不出法院費用者的離婚案件，違背憲法的

----
[1] *Boddie v. Connecticut*, 401 U.S. 371, 91 S. Ct. 780, 28 L. Ed. 2d 113 (1971).

法律正當程序。由於州政府對家庭關係有完全的管轄權，因此即使夫妻二人屬於兩個不同州的居民，聯邦法院仍無權處理其離婚、法定分居、財產分配、子女監護權等事宜，這個特點構成了聯邦法院的「家庭關係例外法則」（domestic relations exception）。

一、遷移離婚及管轄法院

由於各州有各自的家事法，一旦夫妻中之一方搬至別州後，或故意搬至對他較為有利的州訴請離婚，州與州之間的管轄權爭議即可能發生。美國聯邦最高法院對於管轄權所造成的爭議有幾個重要的判決。1942年 *Williams v. North Carolina (Williams I.)* [2]案，聯邦最高法院判定只要一方配偶經合法程序取得「單方面離婚」（ex parte divorce）判決，別州就必須依據互惠原則予以承認；但該判決在1945年 *Williams v. North Carolina (Williams II)* [3]案遭到修正，聯邦最高法院同意夫或妻可單方面取得離婚判決，但如經證明申請離婚者在起訴州的居留期限不足，該離婚判決可被挑戰。

聯邦最高法院在1940及1950年代，透過不同案件的判決，建立了一套「分離式離婚」（divisible divorce），也就是州法院可以判決單方面離婚，但法院若對任何一方配偶沒有個人管轄權，就不得處理財產分配、子女扶養費或贍養費等事項。

二、州法院之管轄基礎

州法院對離婚管轄權的基礎，建立在婚姻是一件「物品」（res），只要一方配偶能證明他與所在州有一定的關係，該州就對其離婚有充分的利益。至於一個人與州有無關係的標準何在，聯邦最高法院的立場是只要夫妻中一人的居所（住在一個地方，又有留在該地方之意圖）在起訴州即可。目前美國各州均立法規定提出離婚訴訟的原告，必須在起訴州住滿一

----

[2] *Williams v. North Carolina (Williams I)*, 317 U.S. 287, 63 S. Ct. 207, 87 L. Ed. 279 (1942).

[3] *Williams v. North Carolina (Williams II)*, 325 U.S. 226, 65 S. Ct. 1092, 89 L. Ed. 1577 (1945).

定期限（通常是三個月或半年或一年）。聯邦最高法院在*Sosna v. Iowa*[4]案判決，愛荷華州要求住滿一年的居民才可訴請離婚的規定並不違憲。

離婚案件雖可一造判決，但當離婚牽涉到財產分配及贍養費支付時，法院就必須對夫妻雙方皆有「人身管轄權」（in personam），才能處理。依據憲法的平等保護原則，法院是否有個人管轄權，要看當事人是否與該州有「最少的接觸」（minimum contacts）。

三、外州離婚

依據憲法中的「互惠條款」（full faith and credit clause），美國任何一州均應接受其他州的離婚判決，但如果當事人能證明他州的離婚判決有瑕疵，仍可挑戰該判決。

在跨州的離婚案件中，不實的住所（或居所）是最普遍的問題。不少人發現自己所在州的離婚法較嚴苛，或對他不利，就搬到別州訴請離婚，如果留在原州的配偶可證明，其配偶並無定居別州的意願，即可挑戰別州的離婚訴訟。

四、外國離婚

在美國仍採取過失離婚時，很多美國人跑到墨西哥或海地等國辦理離婚手續。「互惠條款」不包括對於外國離婚的承認，美國各州可以依據「禮讓理論」（comity doctrine），對於外國離婚因相互尊敬而相互承認，但前提是外國的離婚法必須在實質上及程序上符合公平原則。有些州只承認申請配偶是外國公民的外國離婚判決，有些州只承認雙方都必須出庭的外國離婚判決。禮讓理論與互惠條款不一樣，州法院可以選擇承認或不承認外國離婚判決。新罕布夏州法院拒絕承認黎巴嫩法院的單方面離婚判決，因為一來該夫妻均不住在黎國，黎國法院所核發的單方面離婚判決違背新州法律，二來住在新州的妻子必須前往黎國才能獲得離婚判決中所得

---

[4] *Sosna v. Iowa*, 419 U.S. 393, 95 S. Ct. 553, 42 L.Ed. 532 (1975).

分配，對她形成過重且不必要的負擔[5]。

《法律衝突法第二次整編》第98條規定，如外國離婚經過法院公平審判，而且該法院至少對一方配偶有管轄權，美國法院得承認其離婚判決。

五、對財務事項之管轄權

如上所述，離婚雖可一造判決，但由於分配財產及給付贍養費被認為是當事人的財產權，法院只有在對雙方當事人皆有個人管轄權時才可就該等事項作裁定。

基於法律正當程序的要求，個人管轄權必須證明州法院與當事人有「最少的接觸」。如果一個人接到配偶在另外一州法院提出的離婚申請狀後，既不出庭亦不委託律師答辯，他在另一個州又沒有財產，另一州的法院即無權審理財產分配及贍養費等事宜。但這樣並未解決問題，因為二人之間的財物問題總得解決。如果未遷移的配偶想要在原州解決，原州法院就須對已遷居的配偶有管轄權。這通常比較容易，因為遷居配偶曾經在原州住過，亦可能曾在原州購買過財產，甚至只要證明遷居配偶在原州遺棄了配偶，即構成「最少的接觸」。

有些州把家庭關係案件中之「最少的接觸」改成「長肩法」，主要是為保護留在原州的配偶，讓其所在州對遷居的配偶有個人管轄權。有些州規定只要符合以下幾點要件，法院即對已遷居的配偶有個人管轄權：(1)婚姻住所在該州，而原告仍在該州，(2)雙方配偶曾住在該州，而原告仍在該州，(3)被告在該州擁有婚姻財產或共同財產，以及(4)被告在該州將原告遺棄。

即使有長肩法，遷移造成的離婚管轄權問題仍然層出不窮。因此，很多州希望透過制定相同的法律，統一州際標準及管理辦法。但截至目前為止，美國家庭關係案件在統一法令及跨州管轄方面，只有在子女扶養費的標準及執行上成效較大，在贍養費的計算及支付上則成效不彰。

- - - - - - - - - - - - -

[5]　*In re Ramadan*, 891 A.2d 1186 (N.H. 2006).

第二節　過失離婚

1960年代前離婚在美國被視為不道德的行為，只有當一方配偶有過失時，法院才會同意讓無過失、受傷害的配偶離婚。在這種「過失離婚」（fault based divorce）制度下，贍養費成為給予無辜配偶的賠償，以及對有過失一方的處罰。即使有過失的配偶在經濟上極為困難，亦無法得到任何贍養費。

雖然美國所有的州現都採行「無過失離婚」（non-fault divorce）制度，但仍有州保留過失離婚作為替代離婚方式，有的州離婚雖然不須要理由，但在分配財產與決定贍養費金額時，仍會考慮配偶有無過失。另外，近年來不少政治人物及法學者又重新提倡較嚴格的離婚法，有些州甚至提案修訂離婚法。總之，美國離婚法在過去半個世紀中產生極大的變化，對美國社會產生鉅大影響。

一、離婚理由

1960年之前，美國人想要離婚，就必需證明其配偶的行為觸犯刑法或構成離婚的過失條件。換言之，任何一件離婚案件中，必定有一方配偶有過失。

各州法定的離婚理由差異很大，例如紐約州在1967年前，通姦是唯一的離婚條件，而有些州則有多達二十種的離婚條件。最普遍的過失有以下幾種：

(一)「通姦」（adultery），通常只需要證明被告有意向及機會，而無須有目擊證人。當時法院有嚴重的雙重標準，女人只要被證明有一次婚外性行為即構成通姦，男人則需被證明有較嚴重的不當行為。

(二)「虐待」（cruelty），包括暴力相向與暴力威脅。法院通常會接受精神虐待，但精神虐待必須嚴重到足以影響原告的心智。

(三)「遺棄」（desertion或abandonment）是指一方配偶在未經同意或有合理理由下離家出走，且無返家的意願。有些州尚須證明離家配偶未盡

扶養義務，近代如配偶拒絕行房長達一段時間亦構成遺棄。

(四)其他理由：習慣性酗酒或吸毒，無法治癒的性無能，重案判刑一定年限，精神異常。

二、離婚程序

離婚只能由無過失的配偶提出，由於男方通常是過失行為人，大部分離婚案件由妻子提出。在法庭及社會上，女性被視為無辜的受害者，法院在判決贍養費時，等於是懲罰越軌丈夫。被告為自己辯護時，通常會提出配偶亦有過失（例如酗酒或與人通姦），並非完全無辜者，或是自己之所以犯錯是被脅迫的或被設計的，亦有人提出他的通姦行為已被配偶饒恕，或是在精神失常狀況下犯錯，至於答辯是否成立，則由法官或陪審團認定。

三、解決爭議的替代方法

過失離婚時代為避免離婚時夫妻雙方的仇視，也為改善離婚的程序，有不少州採納了一些替代方法來處理離婚及離婚後的一些爭議，其中以「仲裁」（arbitration）、「諮商」（conciliation）與「調解」（mediation）等三種方式最為普遍。

有些分居協議書會出現仲裁條款，雙方同意將財產分配、監護權與子女扶養費等爭議，在法院開庭前交給一名仲裁員，由他來做決定，他的決定對夫妻雙方均有效力。仲裁既是訴訟的替代方式，它又比較省時省錢，因此，州法院通常願意承認經由仲裁決定的離婚協議。

有些州法院在處理離婚案件時，會請婚姻諮商員與夫妻雙方溝通，希望能勸阻離婚。

有些夫妻雙方在離婚過程中會委請一位調解員，幫忙居中溝通，但調解員與仲裁員不一樣，所有的協議還是得由當事人做決定。而有些州法規定要離婚的夫婦必須經過強制調解，加州家事法則規定夫妻在司法程序開

始前，必須就監護權或探視權的爭議先行諮商[6]。

1980年代末，一位明尼蘇達州專辦離婚的律師提出《協力合作法》（Collaborative Law），該法重點是要夫妻雙方所聘請的律師協力合作，幫忙當事人達成協議，簽署離婚協議書，而無須司法介入；如夫妻二人及其律師無法達到協議，律師就應自行退出。很多州先後接受該協力合作運動的精神，德州甚至在2001年透過立法在離婚程序中納入該法[7]。但該法要求如律師無法協助達成離婚協議就必須退出，可能會違反律師的職業道德，科羅拉多州律師公會法就規定律師不得代表會因利益衝突，影響其獨立判斷的當事人[8]。

第三節　無過失離婚

1968年加州通過全美國第一個無過失離婚法，現在美國絕大部分州已透過修法，以無過失離婚法代替原先的過失離婚法。無過失離婚法主張，離婚不是任何一方配偶的錯所造成，當婚姻關係不能再維持下去時，即應宣告終止，而不必將過失歸咎於任何一方。

一、無過失離婚理由

無過失離婚並非完全不須理由，而每一個州對於「無過失」有不同的定義。有些州將「無過失」解釋為兩個人「不可調解的歧異」，有些州定義為「不能挽回的破裂」，只是這些理由充分顯示離婚不再是一種錯誤，無須責怪或歸咎任何一方。《統一婚姻及離婚法》中的「不能挽回的破裂」是指兩人分居達六個月，或指夫妻之間有嚴重的不和諧，而且找不到任何辦法挽回。實務上，一旦離婚不需要任何一方有過失，只要夫妻雙方都不否認差異存在或婚姻破碎，法院其實無法要求任何證據，甚至如果一

---

[6] Cal. Family Code § 3173 (West 2004).

[7] Texas Family Code §§ 6.603, 153.0072 (Vernon 2006).

[8] Colorado Bar Association, Ethics Opinion 115, Ethical Considerations in the Collaborative and Cooperative Law Contexts (2/24/2007).

方想離婚，一方不想離婚，就構成「不可調解的歧異」。

　　新的離婚法同時改變了相關的法律術語，例如很多州把離婚改成「結束婚姻」，提出離婚者從「原告」改成「申請者」，「被告」改成「答辯者」，「起訴狀」改成「申請狀」，「贍養費」（alimony）亦改成「配偶支持」或「維持費」（spousal support或maintenance）。

二、無過失離婚程序

　　無過失離婚比過失離婚程序來得簡單，但仍須經法院審理判決。如果夫妻兩人能對財產的分配、子女的監護、探視權和贍養費的問題達成共識，可由律師或自己協商、撰寫「離婚協議書」（settlement agreement），法院亦通常依照當事人的協議，裁定財產分配方式、子女監護、探視權，只是各州均規定離婚案件從提出申請到發出離婚證書，必須經過一定時間（例如加州是六個月）。少數州要求訴請離婚的夫婦，必須經過婚姻顧問諮詢或調解（大部分州則不作硬性規定，例如加州有「家事調解庭」（family conciliation court），當事人可以自由選擇要不要法院調解）。少數州要求在提出離婚前，夫妻必須分居一段時期，使離婚程序比較繁雜、冗長。整體而言，無過失離婚比過失離婚程序簡化很多，更有一些州制定「簡易離婚」（summary dissolution），企圖簡化離婚程序。

　　在加州，只要結婚不超過五年，彼此之間沒有生或收養小孩，沒有不動產，債務及動產不多，又無配偶要求贍養費，夫妻二人可共同提出簡易離婚申請狀，法院無須開庭，即可在申請狀提出屆滿六個月後核發離婚證書，由法院職員分寄給二位當事人[9]。

三、無過失離婚的影響

　　無過失離婚法的通過無疑是一場革命，它對美國社會至少產生以下幾個重大的影響：

---

[9]　Cal. Family Code § 2400 (West 2004).

　　1.無過失離婚法是一種無須以過錯為由即可離婚的觀念，夫妻雙方都被賦與權利決定何時終止婚姻關係，從此夫妻任何一方可不經對方同意即可離婚。

　　2.無過失離婚法使夫妻不再必須敵對才得離婚，因此大幅度降低夫妻雙方因離婚所遭受的精神創傷。

　　3.無過失離婚法的判決不以過失或性別角色為根據，而是以公平、均等分配及經濟需要為基礎。子女監護權亦與性別無關，而是以孩子最佳利益為考量，母親並不享有優先權。

　　4.無過失離婚法重新定義夫妻的責任，並設立兩性之間平等的新標準。夫妻是平等的兩個個體，必須同時負起支撐全家及照顧孩子的責任，妻子只有在無能力找到工作，或經濟能力較差的情況下，才能得到贍養費。

　　無過失離婚法反應了兩性逐漸趨於平等的社會現實，但由於離婚婦女取得贍養費的比例愈來愈低，母親在小孩監護權上也不再享有優勢，有人認為離婚法的改變使很多離婚婦女及小孩遭受無預期的不利影響。美國社會學家魏斯曼（Lenore Weitzman）在她1985年出版的《離婚革命》（*The Divorce Revolution*）書中就批評：無過失離婚法使離婚率大增，但婦女在離婚後生活水準下降，而男人在離婚後的生活水準反而上升。

四、過失及無過失離婚的混和體

　　雖然美國所有州都已制定無過失離婚法，但仍有不少州保留過失離婚法，其中有些州只有在配偶未提出異議時，才能採用純粹的無過失離婚法。例如密蘇里州法律規定，只要一方配偶反對，法院就必須進一步了解，是否因一方通姦、遺棄、分居，而有「不能挽回的破裂」之事實，或者被訴者的行為是否確如申請離婚者所指，已構成無法繼續共同生活的事實。

　　在這些過失及無過失離婚法的混合州裡，法院在分配財產時，會考量配偶是否有過失。例如依個性差異無法協調而離婚的夫妻，通常會得到相

同的財產分配，但只要發現一方配偶有過失，無辜的配偶就可能得到超過一半的資產，有過失之配偶有時則無法得到任何贍養費。

　　從1990年代末期，有些州的立法者認為無過失離婚對不想離婚的一方不公平，因此企圖透過修法，讓夫妻在婚前選擇萬一將來離婚，二人希望採取的方法。例如路易斯安那州1997年，亞利桑那州1998年，阿肯薩斯州2001年先後通過《承諾婚姻法》（Covenant Marriage Act），使無過失離婚變得較為困難。一般而言，在《承諾婚姻法》下，只有夫妻分居兩年後，或證明一方有過失（例如通姦、家庭暴力或遺棄）才能離婚。其他幾州也通過了類似，但不若前三州那麼嚴格的法律，希望能因此降低離婚率，也希望夫妻同意在婚前或在婚姻中遇到問題時接受輔導。

五、宗教離婚

　　根據猶太教的法律，夫妻即使依據法律合法離婚了，但如丈夫不給予妻子宗教離婚，妻子就不能再婚，如她再婚，之後的婚姻被視為通姦，其所生子女也被視為非婚生女。有些猶太男人藉此威脅妻子不得離婚，妻子離婚時也通常無法在財產上取得平等分配。為解決這種不公平的現象，紐約州在1983年通過法律，規定只有在夫妻雙方都竭盡所能，解除一切再婚的障礙時，法院才能給予正式的離婚證書[10]。除此，紐約州也允許法官在決定財產分配與贍養費時，考量是否有一方配偶設置對方再婚的障礙[11]。

第四節　分居

　　分居在美國法律上有以下明確定義：

一、法定分居

　　「法定分居」（legal separation）是指一對夫妻經法院正式判決完全

----

[10] New York Domestic Relations Law § 253 (McKinney 1999).

[11] New York Domestic Relations Law § 236B (5)(h) (McKinney 1999 & Supp. 2007).

脫離關係，彼此之間不再有任何權利義務，但仍然維持婚姻名義，任何一方不可再婚。

　　美國人選擇法定分居大多基於宗教理由，例如天主教反對離婚，天主教徒往往願意解除婚姻之實，而保留婚姻之名。任何人想要法定分居，必須向法院提出正式申請，經法院審理判決。法定分居之判決與離婚判決一樣，法院必須判決財產如何分配、子女監護權歸屬，以及扶養費、贍養費經額等等。

二、離婚之中間判決

　　有些州法院在處理離婚案件時先核發「中間判決」（interlocutory judgment），其目的是要讓夫妻雙方在正式離婚前有機會復合。該判決會解除夫妻雙方彼此之間所有的權利義務，只是雙方之婚姻關係尚未正式解除。中間判決與法定分居不一樣，如夫妻二人不在一段時間（通常是六個月）內復合，中間判決即自動變成離婚判決。

三、分居後的離婚

　　在過失離婚時代，很多州允許夫妻在法定分居一段時間（六個月至數年不等）後可以申請離婚。有些州允許夫妻私下簽訂分居協議書（有些州要求該協議書必須向法院登記），約定財產如何分配、子女監護及贍養費等事項，在簽約一定時間後即可向法院申請離婚。由於各州都已改為無過失離婚，夫妻無須經過法定分居才離婚。

第六章
財產分配與贍養費給付

每一對夫妻決定離婚時，都會面臨兩大問題，一是如何分配婚姻中的財產，與一方配偶是否應支付另一方配偶贍養費；一是子女監護權應由誰取得或由父母共同監護，以及未取得監護權的一方父母是否應支付子女扶養費。

本章將討論財產如何分配與是否應支付贍養費等議題，子女監護權問題留待下一章討論。

第一節　財產分配

在決定夫婦離婚時財產如何分配前，必須先界定財產的屬性，而要界定財產的屬性，必須先了解當事人的所在州採行何種財產制。

一、財產屬性

（一）共同財產制州

美國有九個州採用「共同財產制」（詳見本編第三章第三節），在這些「共同財產制」的州中，夫妻二人在婚姻關係存續中所有賺取的工作薪資、生意收入、營業利潤、取得財產均為共同財產，在離婚時二人可平分之。分別財產為一方配偶結婚前原有的財產，以及在婚姻中得到的受贈物、遺產，與夫妻二人同意為分別財產的財產，在離婚時不必被分配。

共同財產制大多受到西班牙與法國的影響，其主要原則是認為婚姻是一個合夥關係，夫妻在婚姻關係中取得的財產應該是二人的共同財產，但九個州的相關法規有不少差異。例如，有些共同財產制州在分配共同財產

時也採用「平等分配」原則,對於如何處理分別財產,亦有不同的規定;例如加州僅分配共同財產,而不處理任何分別財產,但華盛頓州及威斯康辛州則允許法院在分配財產時,納入雙方配偶的分別財產。

(二)普通法財產制州

　　1970年代中葉以前,在普通法的州中,財產是屬於產權的所有者,除非夫妻以共有形式持有,否則在離婚時,財產的所有者將繼續保有其財產。當時法院只要判定財產所有者有過失,就必須把其財產的一部分或全部給無辜的配偶。經濟較差的配偶如果有過失,或無法證明其配偶有過失,則無權得到任何婚姻中累積的財產,有時連贍養費都拿不到。

　　以上這種以「所有權及過失」(title and fault)來分配財產的制度,隨著無過失離婚法的通過已被取消。現在任何人在離婚時不必證明對方有過失,即可分到夫妻二人在婚姻關係存續中所取得之財產。法律認定婚姻關係是經濟上之合夥關係,夫妻二人不論誰出外工作賺錢,誰待在家中從事無薪之家事勞動,都對婚姻中的財富有貢獻,亦都有權在離婚時分配到婚姻財產。這個新的制度被稱為「平等分配」(equitable distribution)。

二、財產分配原則

　　在界定財產的屬性後,下一個步驟就是要決定夫妻離婚時該如何分配那些財產。過去普通法州與共同財產州在分配財產時的態度大不相同,現在卻愈來愈接近。儘管各州法院訂有不同的考量標準,但不出以下六個原則:

(一)平等原則

　　夫妻既婚姻中平等的合夥人,離婚時財產就應公平分配。共同財產州一向採取「平等原則」(the equality principle),但其實很少徹底實施一人一半的分配方法,倒是愈來愈多普通法的財產州,開始採取一人一半的分配方式,但不論採取何制度,實際的分配,仍須考量每個配偶的實際需求。

（二）貢獻原則

根據「貢獻原則」（the contribution principle），留在家中從事家事勞動的配偶，對配偶所賺的薪資及累積的資產有所貢獻。夫妻被視為經濟夥伴，兩個人扮演的角色或有不同，但都對謀取合夥關係的最大利益有所貢獻。

貢獻有時是直接的，例如在創業時期辛苦工作，或幫忙配偶接待客戶，但不拿薪水；亦可是間接的，例如待在家中從事家務勞動，照料孩子，使其配偶安心在外工作。此原則肯定無償配偶的貢獻，但有時要把其貢獻價格化並不容易。

（三）犧牲及服務原則

「犧牲及服務原則」（the sacrifices and services principle）適用於一方配偶為了婚姻合夥關係的利益，放棄自己的工作或發展事業的機會，擔負起無償的家事勞動。法院認為為婚姻犧牲並提供服務的配偶，在離婚時應得到相當補償。

同時，當一方配偶放棄自己的事業，投入超過一般家事勞動的時間，照顧生病或殘障的子女或其他親人，在離婚時應得到額外的補償。這個原則讓為婚姻放棄自己事業的配偶，有機會取得較多的財產分配。

（四）需求原則

根據「需求原則」（the need principle），法院認為應利用資產分配，確保離婚後夫妻雙方能維持其在婚姻中的生活水準，或至少不讓經濟較差之配偶，在離婚後成為社會的負擔。法院除會考慮在婚姻中未就業配偶未來的工作機會，也會把獲得監護權之家長須花時間照料小孩、雙方配偶之健康狀況，或再婚之可能性，一併考慮在內。

此原則顯然與貢獻、犧牲及服務原則重疊，因為當配偶在婚姻中長期從事無償之家事勞動，其賺錢潛力自然不如就業配偶，也必然是需求較大的配偶。

（五）過失原則

根據「過失原則」（the fault principle），無辜之配偶將分配到較多財產，這同時也是對有過失配偶的懲罰。此原則在過失離婚制度下被長期使用，至今仍存在於少數州內，尤其是當一方配偶有通姦、婚姻暴力或浪費婚姻資產的行為時。

另外，法院如發現一方配偶有意浪費或挪用財產，即會分配給無辜的配偶較多財產，這通常發生在一方配偶暗中計畫離婚，或在提出離婚前，將財產轉移或出售予第三者，以逃避離婚時的分配。

（六）公平原則

「公平原則」（the equity principle）要求資產必須公平分配。至於如何作到公平，法院必須依據以上五個原則，考慮雙方當事人的狀況，再加以平衡，以求在每一個離婚判決上，作出公平的分配。

以上六個原則已成為目前美國所有州法院在分配財產時所採用的原則，儘管採用普通法的州與共同財產州過去有不同的制度，現在的差異已愈來愈小，尤其大部分州近年來先後採納了《統一婚姻及離婚法》條文，通過立法，要求法院在分配財產時，必須考量各配偶在婚姻關係存續中與離婚後之財務狀況、婚姻時間之長短、配偶之年齡及健康狀況、是否有一方需留在原居住房子、生活維持費，以及處分資產（包括婚姻財產及分別財產）可能造成之浪費等因素。

目前《統一婚姻及離婚法》第307(a)條規定，為達公平分配，法院應考慮以下四大因素：

1.每一位配偶對於婚姻財產的貢獻（包括家務勞動）；

2.分配給每一位配偶的財產之價值；

3.結婚的年限；及

4.離婚時每一位配偶的經濟狀況，包括是否應將家庭住宅分給有監護權的家長。

《統一婚姻及離婚法》第307(b)條則規定，婚姻財產包括在婚後取得

的所有財產，但不包括(1)因贈送或繼承取得之財產，(2)交換為分別財產者，或(3)夫妻另有約定者。

第二節　特殊財產的分配

有些財產在法律上、經濟上具有特殊性，美國法院在夫妻離婚時如何分配該種財產，值得特別提出來討論。

（一）退休金

在很多美國中產階級的婚姻財產（或共同財產）中，即使就業的一方配偶在離婚時尚未退休，其退休金仍可被分配，因為退休金被認定為一個人退休前延遲給付的工作報酬，因此，未就業的配偶有權分享就業配偶在婚姻期間因工作所累積的退休金。有鑒於美國退休金制度本身十分多元複雜，各州法院在分配時又有不同的見解，詳細內容請見下一章介紹。

（二）其他與工作有關的權益

雇主往往給予員工特別獎金、紅利、公司股票或優惠購股權利，而這些資產在離婚時，究竟算分別財產還是婚姻財產（或共同財產），應視雇主的目的而定。法院認為雇主為獎勵員工過去（在離婚前）的表現，應算作婚姻財產，如果優惠購股權利是為刺激員工在未來（在離婚後）好好工作，則應算是工作配偶之分別財產。

（三）殘障及個人傷害賠償

各州對於殘障、個人傷害及類似的賠償有不同的規範，有時他們被視為工資的替代金，在離婚時可被分配，有時則被視為個人因受傷及痛苦所得到的賠償，因此是分別財產，在離婚時不可被分配。

在加州，個人傷害所得到的賠償依受傷時間（婚前或婚姻中）及取得賠償時間（婚姻中、離婚或分居後），決定其為分別財產或共同財產。在紐約州，個人傷害所得之賠償通常算是分別財產。

（四）經營生意

在婚姻關係存續中所經營的生意，通常被視為婚姻財產（或共同財產），在離婚時可被分配。法院一般會讓實際經營者在離婚後繼續經營其生意，而以現金折算給另一方配偶應得到的比例。

如果一方配偶在婚姻關係存續中，繼續經營其在婚前即開始的生意（他個人之分別財產），另一方配偶在離婚時，是否有權利分享該生意增值的部分，得視增值的性質而定。大部分州把增值分成兩種，一種是消極的增值，是指隨著市場調節的增值，另一種是積極的增值，是指因經營配偶投入努力、智慧所造成的增值。在共同財產州內，積極增值的部分被視為共同財產，離婚時可被分配。在普通法州內，未參與經營之配偶通常得證明，他對配偶經營之生意有直接或間接的貢獻，才能對增值有分配權。

當夫妻共同經營生意，卻未清楚劃分他們的角色及所有權時，往往造成法院在分配財產時的困難。

（五）家庭住宅

「家庭住宅」（family home）是指夫妻在離婚前一家人居住的房子，它通常是夫妻以共有方式持有，在離婚時應該出售，由夫妻雙方平分所得。如果房屋貸款很低，或房屋大幅度地增值，雙方配偶也許可用出售房子的錢再買其他房子，但出售家庭住宅，通常對有監護權的家長及孩子造成不利影響，他們必須搬家，離開熟悉的環境、朋友及學校。因此，如果離婚夫妻除家庭住宅外，還擁有其他資產，例如生意或大筆退休金，法院通常會建議將家庭住宅留給有子女監護權的配偶，另一方配偶則可分配到其他財產，不足之數以現金補足。

另一種選擇是由有監護權的配偶，以重新貸款方式買下另一配偶的產權，但如果房子淨值太低，很難重新貸款，或是即使房子淨值大到可以重新貸款，但每個月的房貸付款如果太高，超過雙方配偶的負擔則又不可行。

延後出售亦為另一種選擇。這種方式是指雙方配偶在離婚後，仍共同持有家庭住宅，讓有子女監護權的一方配偶與小孩繼續住在其中，直到

特定日期（如小孩高中畢業）再出售，分配所得。這種方法的缺點是，搬出去的配偶往往沒有能力購買另一幢房子，而且倘若繼續居住的配偶不好好維護房子，可能影響房子未來的售價。因此，有些州只在有特殊狀況下（如房子有特殊設備，適合殘障小孩居住），才同意採用延後出售的方式處理家庭住宅。

（六）無形資產

1.執照與文憑

　　在婚姻關係存續中，一方配偶因受訓或進修得到的專業執照、文憑或加強之賺錢技能，稱之為「無形資產」（intangible property）。無形資產通常有三個特性：(1)任何一個人必須在投資一定時間、智力、精力後才能取得，(2)對未來的工作能力有所幫助，以及(3)該資產屬於個人層次，無法任意轉移或交換。

　　基於以上三個特性，法院對於無形資產算不算資產，以及算不算婚姻財產（或共同財產），有不同看法。多數州法院認為它是一種新的資產——「人性資本」（human capital），在後工業化的資訊社會中，任何配偶為求合夥關係未來的福利，投入時間、精力，取得更高的知識、學位、技術，以增進賺錢的能力，都應算是夫妻共同的投資，在離婚時當然應該被分配。但由於文憑、執照、技術不能被分割，法院只能以現金折算這些無形資產可帶來的價值。加州家事法規定，一方配偶在婚姻中取得的教育或訓練應算是共同財產的支出，應該被分配[1]。

　　少數州法院則持比較保守的態度，他們認為資產必須是可在公開市場上轉售的，因此無形資產只能算是取得者的個人資產，不該在離婚時被分配。儘管如此，這些州仍然不能違背上述分配財產之六大原則，因此在決定贍養費金額時，會把配偶有沒有無形資產考慮在內。

　　「美國法律學院」採納了多數州的法則，主張應支付在婚姻中支持配偶去讀書或進修的配偶一些「補償性付款」（compensatory spousal

---

[1]　Cal. Family Code § 2641(b) (1）(West 2004).

payments），但教育必須在申請離婚前幾年內完成者才算[2]。

2.商譽

另一個無形資產是一方配偶生意上或專業執業的「商譽」（good will）。美國五十州對商譽有三種不同的判決。

大部分州將商譽分為兩種，一種是個人的，一種是企業的；前者不是婚姻財產，後者是[3]。這些州的解釋是個人商譽與特定個人的技術有關，而企業商譽則是營業資產，也是未來可預期的客戶基礎。少數州法院不區分商譽的性質，而主張所有商譽均屬於婚姻財產，應該被分配[4]。也有極少數州完全否認商譽屬於婚姻財產，也因此不加以分配[5]。

第三節　贍養費給付

「贍養費」（alimony或稱spousal support或稱maintenance）是指經濟較差的配偶，在離婚後從經濟較佳的配偶取得的定期經濟資助。贍養費與財產分配不一樣，法官在決定一方配偶是否須支付贍養費，以及贍養費金額時，有較大的自由裁量權。在普通法財產州亦採取「平等分配」原則後，法院裁定贍養費的案件逐漸減少，目前美國只有15%以下的離婚者取得贍養費。

一、給付贍養費的背景介紹

給付贍養費的義務，在理論上算是繼續婚姻中夫妻互相支持的義務。過去，贍養費必須與過失連在一起，有過失的配偶即使經濟情況很差，也往往拿不到一毛錢。有些州一直到現在仍把配偶有無過失，作為應不應該支付或取得贍養費的根據，但自從無過失離婚法通過後，各州的法院、立

---

[2] ALI Principles §§ 4.07, 5.12.

[3] *May v. May*, 589 S/E/2d 536, 543 (W. Va. 2003).

[4] *Poore v. Poore*, 331 S.E.2d 266 (N.C. App. 1985).

[5] *Singley v. Singley*, 846 So.2d 1004 (Miss. 2002).

法者及學者紛紛探討支付贍養費的法律根據。對一般美國人而言，離婚後需要給付贍養費的配偶經常抱怨付出太多，導致自己的生活困難，而取得贍養費的配偶也常抱怨無法維持原來的生活水準。

　　為解決以上問題，很多州採取《統一婚姻及離婚法》中的兩個標準。第一、法院應建立一個取得贍養費的「資格」（eligibility）（例如對配偶依賴的程度，自立的困難度），只有具備該資格的配偶，才能取得贍養費。第二、法院有權依據支付者及取得者的需求及能力，與離婚後兩個家庭所需費用，作整體的考量，再決定贍養費金額。法院通常考慮的因素包括婚姻的長短、配偶的年齡及健康狀況、自給自足的能力、各自擁有之分別財產、監護子女的責任，以及一方配偶曾經為另一方配偶所付出的貢獻。

二、現代給付贍養費之三種理論

　　當代法律學者、法院及立法者對於贍養費給付有不同的看法，以下是目前最普遍的三種理論：

（一）復原

　　「復原」（rehabilitation）原則強調的是讓沒有自立能力的配偶，可以暫時得到經濟上的資助，直到他找到工作，可以養活自己為止。依據此原則所裁定之贍養費，通常屬於暫時性質，但法院一旦發現配偶缺乏工作能力，無法自立，仍會給予永久性的贍養費。

　　《統一婚姻及離婚法》第308條就是依據此原則所訂出的法條，它主張法院發現一方配偶：(1)缺乏足夠財產維持基本需求，或(2)無法經由適當的工作自立自養，或(3)因照顧小孩無法出外工作，就應裁定有能力的配偶支付贍養費。

（二）接近婚姻中的生活水準

　　有一派學者強調離婚後的夫妻應盡量保持接近婚姻中的生活水準，經濟較差的一方配偶應透過贍養費的取得，盡量維持「接近婚姻中的生活水

準」（approximation of marital standard of living）。可惜，現實上很少有支付者能在不降低自己生活水準的情況下，讓對方配偶維持原來的水準。因此，法院在採用此方法時，通常不願讓支付者有過重的負擔。

（三）補償損失

「美國法律學院」發展出一套「補償損失」（loss of compensation）概念。依據這種原則，經濟較差的配偶從經濟較佳的配偶取得定期「補償性付款」，應被視為一種「權利」（entitlement），正如同配偶有權分享資產一樣，而法院不該任意自行決定給或不給。「補償性付款」是對因婚姻破裂，造成一方配偶經濟損失的補償，這種損失通常是指一方配偶為婚姻長期付出，從事無償家務勞動或較低薪工作。補償的金額可由方程式算出，它是雙方配偶離婚後所得的差距，再隨著結婚年限或小孩須被照顧的年限而增加。

這種方程式是希望讓離婚的結果可預先估計得知，降低雙方配偶的焦慮，亦可減少法官的自由心證。「美國法律學院」並未提供實際的合格年限，以及支付者收入的比例，因此，採用此方法的州法院仍須自行決定。

三、贍養費金額修訂及終止

贍養費與財產分配不一樣，它是可以修正的。當取得贍養費者的經濟狀況或生活費用改變時，可以向法院要求修訂贍養費的金額。但給付者收入的提高並不算是情況改變，除非原先的贍養費不足以滿足取得贍養費者的生活所需。基於無人應該享有前配偶在離婚後的財富之原理，法院通常不會因給付者收入增加，而同意提高贍養費金額。給付者亦可因提早退休，或轉業，導致收入減少，要求降低贍養費，但法院對這種要求通常會嚴格審查，如非真實及合理，通常不會核可。

另外，贍養費與財產分配的付款不一樣，它可以隨著取得配偶再婚，或任何一方配偶死亡而終止。

第七章
退休金分配

　　如前章所述，有些財產在法律上、經濟上具有特殊性，美國法院在夫妻離婚時對於這些特殊財產的分配，通常會有特別考量，而其中以退休金分配最為困難，原因在美國退休計畫相當多元，而就業配偶往往在離婚時尚未退休，如何公平分配尚未領取的退休金，往往成為法院在分配婚姻財產上的最大考驗。又因為絕大多數的美國就業者在過去三十年中參加了符合聯邦法律規定之退休計畫，退休金也因此成為夫妻離婚時，得以分配的最顯著資產之一。

　　美國在離婚時分配退休金的相關制度雖受到美國法律學者批評，但各州法院對此領域畢竟已有長年經驗，應有值得吾人參考之處。尤其，民法親屬編夫妻財產制於2002年6月修正，夫妻離婚或法定財產制消滅時，剩餘財產可予以平分，但截至目前為止，法院對於退休金（特別是尚未領取之退休金）在離婚時是否可予分配，態度似顯保守。因此，儘管美國與臺灣的夫妻財產制不一，退休制度亦大不相同，基於「他山之石，可以攻錯」，對美國相關制度的認識，仍可望提供我國立法者及執法者多一個思考的方向。

第一節　美國雇主退休金計畫

　　欲了解美國法院在離婚時如何分配退休金中之婚姻財產，必須先對美國退休金的種類，以及其法源有基本認識。

一、《社會安全法》

羅斯福總統於1935年簽署《社會安全法》（Social Security Act）[1]，建立了美國社會安全福利制度，其中包括「社會安全退休補助」（social security retirement benefit）。聯邦政府在所有受雇者的薪水中扣繳「社會安全稅」（social security tax），等受雇者退休後，再由政府定期發給退休補助。

依據《社會安全法》現行規定，只有繳納足夠社會安全稅，並屆滿退休年齡的就業者，才能享受退休補助；六十五歲是正規的退休年齡（近年來已隨著出生年延至六十六或六十七歲），當受雇者滿六十二歲，只要積滿合格點數後，即可領取應得退休補助的80%；開始領補助金後，不表示受雇者不能再工作，但若其收入超過一定數目，補助金會被扣除一部分。

二、《就業退休收入安全法》

聯邦政府為進一步保障就業者在退休後的生活，於1974年通過《就業退休收入安全法》（Employment Retirement Income Security Act[2]，簡稱ERISA），以優惠稅率及緩稅的誘因，鼓勵私人雇主設立雇主退休金計畫，受雇者亦可設立個人退休帳戶。該法一再修訂，現行版本係於2001年修正。

為確保未就業配偶能分享退休金，美國國會又於1984年通過《退休平等法》（Retirement Equity Act of 1984）[3]，授權各州法院依據州法，在夫妻離婚時，分配原本歸聯邦法院管轄的退休金。

（一）私人雇主退休計畫

《就業退休收入安全法》認可的雇主退休計畫，是指任何由雇主設立、維持，將來發放退休金給受雇者的計畫。依性質不同，雇主「退休

---

[1] Social Security Act of 1935, 42 U.S.C.A. §§ 301 et seq.

[2] Employment Retirement Income Security Act, 29 U.S.C. Chapter 18.

[3] Retirement Equity Act of 1984, Pub. L. No. 98-397, 98 Stat. 1426.

計畫」（retirement plan）分成兩種，一種為「定額負擔計畫」（defined contribution plan），另一種為「定額收益計畫」（defined benefit plan）。

定額收益計畫較為傳統，它明訂參與者到退休年齡每年可取得的退休金額。這種固定收益記載於雇主與員工簽訂的契約中，計算收益的方式亦明定其中[4]。例如參與人在退休時，可以每年取得其整個受雇年數之年度薪資的百分之二，受雇人如工作了二十五年，每年年薪一萬，他的年退休金將是五千元（$10,000×2%×25＝5,000）。雇主沒有義務一定要設立退休計畫，但一旦設立，即有義務維持該計畫。至於每年應存入的金額，則由精算師依據薪資幅度、員工離職率，以及死亡率等因素計算決定之。

定額負擔計畫明訂每年雇主應繳的金額，每一個參與該計畫的受雇者有一個單獨的帳戶，其帳戶內金額所賺取、累積的結存，就是受雇者退休時可領取的收益。定額負擔計畫又可細分為「基歐計畫」（Keogh plan）、「分紅退休金計畫」（profit sharing plan）、「現金儲蓄退休金計畫」（money purchasing plan）、401（k）退休金計畫，以及「簡易員工退休金」（simplified employee pension）等。有些計畫受雇者必須自薪資中扣繳一定比例，有些則完全由雇主負擔。

（二）個人退休金帳戶

就業者也可以設立個人退休帳戶，減少當年的所得稅負擔，退休帳戶所孳生的利息亦不必馬上賦稅，一般等到納稅人退休，從退休帳戶逐年領出金額，才須申報所得稅。個人退休金帳戶共分為三種：傳統的IRA、羅斯IRA（Roth IRA）以及教育IRA（EIRA）。

根據美國勞工局2001年報告，有超過80%的全時間受雇者參與七十萬種不同之私人雇主設立之退休計畫，計畫總值超過四點三兆美元，在股市的占有率達20%，在公債的占有率達17%，顯見這一種型態之退休收益已成為美國人最大的退休金來源。由於這種計畫中之利益被認為是受雇者報

---

[4] 有四種計算收益的公式：(1)固定金額，它與受雇者工作年數及薪資無關；(2)固定薪資比例，它與受雇者薪資有關；(3)固定工作年數，它與受雇者工作年數有關；(4)把工作年數及薪資合併計算出一個比例。

酬的一部分，如受雇者已婚，該利益就應該屬於婚姻財產。因此，在離婚時如何計算及分配該婚姻財產，成為美國法界近三十年最關心的議題，也將是本文介紹的中心議題。

由於篇幅有限，有關由聯邦政府發放的退休補助、個人的退休帳戶、聯邦和州政府員工退休金，以及軍人退休福利的分配問題，將不在此章介紹。

第二節　計算私人退休計畫中的婚姻財產

在離婚時，如受雇者已退休，並已經開始領取退休計畫的退休金，法院就不必擔心退休計畫中的權益能否「行使」（vest）[5]，或受雇者能否活到退休計畫「成熟」（mature）[6]，而只要計算出退休金中的婚姻財產即可。計算方法通常有二：

一、婚姻成分方式

第一種是以「婚姻成分方式」（the martial fraction approach），計算出退休金中的婚姻財產。採取這種方式的州法院大多採用「時間法則」（time rule），來計算退休金中的「婚姻成分」（the martial fraction）；分母是受雇者到退休時所需總工作年數，分子則為他結婚後工作的年數。如果法院決定在離婚時就分配退休金，分母為到離婚時工作的總年數；如果法院採取延後支付，分母則為到退休時工作的總年數。離婚時退休金的價值為：退休計畫中的結婚年數×退休計畫現值＝在退休計畫中之婚姻成分。

有些法院不以受雇者的年數，而以受雇者為退休計畫所支出的「來源法則」（source rule），來決定在退休計畫中之婚姻成分。在這些州內，

---

[5] 退休計畫之權益何時能行使，通常由計畫契約條款而定，但也受到2001年修正之《聯邦就業退休收入安全法》管制。在該法未納入期限規定前，很多退休計畫權益要等二十五年後才能行使，該法則規定，退休計畫之權益必須在七年或更短時間內得以行使。

[6] 退休計畫成熟是指受雇者有資格退休並且開始領取退休金。

婚姻成分為：在婚姻中為退休計畫所支出的金額×退休計畫現值＝為退休計畫支出之總額的婚姻成分。

　　以來源法則及時間法則計算婚姻成分，往往產生不同的結果。由於受雇者的薪資通常隨工作時間、職位調整而有所增加，他們對退休計畫的支出也隨之增加。採用來源法則可包含支出的增加，而時間法則無法顯示該增加。但很多法院不願意在計算定額收益計畫中的婚姻利益時，採取支出來源方法。法院認為定額收益計畫的條件乃根據受雇者參加計畫即簽訂的契約條款，而且受雇者將來所取得的收益，與該計畫的投資收入並不直接有關。法院也認為，計算退休金額通常以受雇者在退休前最後幾年，也就是受雇者薪資最高的幾年來計算；以支出來源法則計算，勢必包括受雇者增加之薪資，而使退休金中的婚姻成分大大增加。

二、收益累積方式

　　另一種方式是以「收益累積方式」（the accrual-of-benefits approach）來計算退休金中的婚姻財產。此種方式比婚姻成分方式相對簡單，它是以離婚時的累積，減去結婚日的累積，得到應被分配的利益。但美國有不少州認定非婚姻財產在婚姻關係存續中，所產生的收入應屬於非婚姻財產，在這些州內，如採取收益累積方式計算退休金中之婚姻財產，自然比較複雜。因為帳戶中的婚前部分，不只是結婚日的結存，也包括非婚姻財產所產生的收入。以下二例可說明，同樣以收益累積方式計算，在婚前財產的收入屬於及不屬於婚姻財產的州，所得到的結果大不相同：

　　例1：在承認婚前財產的收入是婚姻財產的州，妻子在婚前工作了五年，依據定額負擔計畫，她在結婚時有五年的計點服務。如果她每一年支付$1,500，而該帳戶每一年有7%獲利率，她結婚時帳戶的結餘為$8,626.05，妻子在工作二十年後離婚，妻子的帳戶結餘為$61,492.50。用收益累積的方式計算，該帳戶的婚姻財產為$58,866.45。

　　例2：在不承認婚前財產的收入是婚姻財產的州，如用相同數字計算，結果將有不同。如果妻子在婚後未再工作，在離婚時她的利益是$23,799.27。如妻子作滿二十年後離婚，離婚時帳戶結餘同樣是

$61,492.50，但婚姻財產只有$37,693.23。

三、婚姻成分和收益累積方式之比較

美國法院至今不願意針對定額收益計畫及定額負擔計畫，兩種不同類型的退休計畫，提供不同的計算方法及分配指南。

審理*Maslen v. Maslen*[7]一案的法院，在討論婚姻成分及收益累積兩種方式後，只決定在分配時應採用公平方式。俄勒岡州法院則總結，「我們認為在處理離婚案件，傾向某一種固定方式來分配退休金是不實際的。因為每一個案件案情都不同，必須依個案單獨決定。」。但美國法學家則建議，法院有必要作分類，並建議婚姻成分方式應運用在定額收益計畫，而累積收益方法則應運用於定額負擔計畫。儘管美國法院始終未清楚表態，但從近年來的判決看來，大部分法院來確實已採取這樣的分類。

從學理上看，定額收益計畫其實就像保險，讓受雇者為退休後的生活預作儲蓄，而定額負擔計畫則像存款或投資帳戶，該計畫的餘額是支付的金額加上其成長及收入。美國法學家因此認為，美國法院在處理夫妻共同投資的帳戶時，既已採用收益累積方式計算及分配該類財產，因此，只要夫妻能夠提供證據顯示帳戶歷史及放入帳戶金錢的來源，法院應該可以從當前結餘減去婚前支付，得出其中的婚姻財產。

至於定額收益計畫，其計畫的投資獲利，並不直接影響退休金額，因此採用婚姻成分方式計算婚姻財產比較合適。受雇者參加計畫時間愈久，在退休前的薪水愈高，計畫中的退休金就愈高；這正說明，影響受雇者取得收益最大的因素是工作年數，因此，以婚姻關係存續中的工作年數作基礎，來計算婚姻財產是正確的計算方法。

第三節　分配退休金中的婚姻財產

如離婚時受雇配偶已退休，並已開始領取退休金，不論法院採用婚姻

---

[7]　*Maslen v. Maslen*, 822 P.2d 982 (Idaho 1991).

成分或收益累積方式，計算及分配退休金中的婚姻財產，都不至於太過困難。但如受雇配偶在離婚時尚未退休，採用婚姻成分方式分配定額收益計畫中的婚姻財產，會產生不少問題。因此，法院通常會選擇(1)估算退休金之現值，並依據現值，在離婚日作分配；(2)不對現值進行估價，而決定在未來可領取退休金時再作分配。

如法院決定延後分配，它可以在離婚日先決定將來應採取的分配公式，也可以對退休金保留管轄權，暫不決定分配公式。但不論法院採取何種策略，都會衍生一些問題。

一、離婚日分配

（一）現值估價

法院在決定退休金現值時，通常會採用專家證詞，只是專家對現值的計算往往相去甚遠。法院要想公平分配尚未成熟的退休計畫，必須正確了解受雇者是否能一直工作到退休年齡，受雇者有無可能在退休前死亡，受雇者有無可能被雇主解雇，雇主是否可能倒閉等等問題。一般而言，受雇者離退休時間愈久，現值估價就愈不可靠，不只受雇者的年齡及身體狀況會影響估價，其壽命長短也會影響受雇者在退休後領取退休金的期限。

採用的利率也將對現值估價影響很大。價值五十萬的退休金在折扣利率上差1%，就將造成現值估價三萬元的差距。在許多案件中，雙方當事人所選擇的折扣利率差距也很大。例如一件阿拉斯加案件中，一方當事人的專家提出5%，另一方則提出14%[8]，有學者建議法院一致採用「退休福利保證公司」所公布的利率，但很少法院這麼做，也有學者批判該利率根本不符市場利率。

（二）在離婚日作分配的其他優缺點

有些案件為讓受雇配偶保留退休金，法院會建議他拿其他資產來給非受雇配偶，但並非所有案件受雇配偶都有與退休金現值相等的其他財產

---

[8]　*Matson v. Lewis*, 755 P.2d 1126 (Alaska 1988).

可作交換。即使有，一旦拿其他財產來抵銷，受雇配偶在離婚後可能變得毫無可使用的資產。受雇配偶也可以分期付款方式，買下非受雇配偶的權益，這種分期付款必須接受法院的監督，而非受雇配偶也可能面對最終拿不到錢，或受雇配偶之後宣告破產的風險。

二、延後分配

　　既然立即分配會產生現值估算等問題，法院往往傾向採取延後分配，亦即等到退休金成熟時再決定如何分配。法院如此行，雖可解除估算現值的困難，但也會衍生很多問題。

　　延後分配通常有三種方法：(1)法院在離婚日即確定非受雇配偶的領取金額；(2)法院在離婚日僅決定未來分配公式；(3)法院對於退休金保留管轄權，直到受雇配偶退休時再行分配。

（一）延後付款／確定公式

　　這種方式可避免在離婚時的不公平分配，也可免除估算現值的困難，但該方法將凍結非受雇配偶的利益。即使定額收益計畫中的利益，並非完全依賴計畫資金的投資報酬，但受雇配偶對該計畫的支出既有一部分出於婚姻財產，該財產就不該在離婚時被凍結。尤其，該財產被凍結，將使非受雇配偶失去對該資金的管理權，也喪失了該資金可產生的投資報酬。

（二）保留管轄權

　　法院可以保留管轄權，延後再決定分配公式。這樣不但可避免不公平分配和計算現值等缺點，非受雇配偶也可以繼續享有退休計畫利益的投資報酬。然而，保留管轄權也不是沒有缺點。首先，由於退休金權利被保留，婚姻財產中有一大塊資產無法在離婚時被分配。其次，當事人在可以領取退休金時，往往會提出新的訴訟。

　　法院保留管轄權造成的最大爭議，在於受雇者離婚後的所得是否應分給未受雇配偶。各州法院對此有不同意見。賓州最高法院判決，「在延後分配定期收益計畫中，未參與計畫的配偶不該分享參與配偶的退休福利，

不論它是夫妻分手後的加薪，獎勵或年資。任何給非參與計畫配偶的退休福利，應該根據二人分手時參與者的薪水而定。[9]」該判決對於賓州禁止配偶取得前配偶在離婚後所得的法律，做了最嚴格的解釋。其他州雖有類似的法規，但法院卻有不同的解釋。

愛荷華州最高法院判決，在離婚時確定金額，會阻止非受雇配偶對於其退休利益，取得合理投資報酬率的機會[10]。科羅拉多州最高法院也表示：「受雇配偶有能力在離婚後，提高他在退休計畫中未來的收益，通常是他在婚姻中所打下的基礎及努力。[11]」

不在離婚時確定金額，也有不少壞處。最顯著的是當事人可以在領取退休金時，再次提出訴訟，要法院確認原始法院的判決是否合理，以及如何履行原判決。還有就是在原判決後往往會發生一些重大事情，例如受雇配偶在離婚後忽然被診斷出，得了足以影響其工作及壽命的重病，法院這時是否應考慮對退休金重新估價？還有受雇配偶決定提早退休，這是否會影響現值估價？退休金額既然是依據受雇者最高的三年或五年的薪資而定，如那幾年都在離婚之後，退休金估價時是否應將此考慮在內？

（三）保留管轄權和延後付款／確定公式之比較

美國法學家認為，法院如決定採取延後付款，就不該先確定金額或分配公式，因為它不但剝奪非受雇配偶對於自己資產的管理及控制權，也使他喪失該資產的投資報酬。如果法院先預定金額，是為避免讓非受雇配偶分享前配偶離婚後的收入，這個理由亦不合理。田納西州上訴法院判決，「有些法院將離婚後的成長界定為婚姻財產，其實並無必要。法院只該在離婚時分配已存在的婚姻財產，至於其後的成長，就像本金生出利息一樣，只能算是退休金分母的增長。[12]」

----

[9]　*Gordon v. Gordon*, 681 A.2d 732, 734 (Pa. 1996).

[10]　*In re Benson*, 545 N.W.2d at 257.

[11]　*In re Marriage of Hunt*, 909 P.2d 525, 534 (Colo. 1995).

[12]　*Croley v. Tiede*, 2000 WL 1473854 (Tenn. Ct. App. 2000).

三、合格家庭關係命令

　　針對《就業退休收入安全法》合格的退休計畫，法院也可以採用「合格家庭關係命令」（Qualified Domestic Relations Orders）來分配退休權益。該命令由《就業退休收入安全法》所授權，它使得原本參與退休計畫者不得轉讓，或質押其退休收益的法規，有了例外情況。州法院可以核發命令「創造或承認替代收款人，也可以讓參與人的收益全部或部分，轉讓給替代收款人。」該命令必須包括退休計畫的名字，受雇人與非受雇人的名字和地址、非受雇人應取得利益的公式、付款辦法，以及何時開始或結束付款。但該命令並不解決法院是否決定在離婚時確定金額，或將建立何種公式，讓配偶的利益繼續增長等問題。

　　合格家庭關係命令必須符合一定的要件，也有其限制。例如，該命令不能更改退休計畫中，對於退休金發放的形式、金額及收款人。因此，如果退休計畫約定收益要在退休時一次付款為之，該命令不能違背原計畫，也不能在退休計畫權利可行使前作任何分配。最後，如之前已有一份合格家庭關係命令，要求支付退休金給一位替代收款人，法院不能再要求支付給另一位替代收款人。

　　合格家庭關係命令雖有這些限制，優點依然很多。該命令延後了分配，法院卻不必對退休金作現值估價，也可免除因立即分配造成的不公平結果。其優點可歸納成以下幾點：

　　1.使用它可以解除法院對退休金繼續監督的責任。該命令要求「退休計畫行政官」（retirement plan administrator）在退休計畫中，以替代收款人開立一個單獨的帳戶，這把受雇配偶與替代收款人的利益分開，卻又允許替代收款人取得計畫中收益的自然增值；

　　2.非受雇者參與計畫的條件係由該命令所建立，這可免除將來在分配時有人再興訴訟；

　　3.非受雇配偶可以選擇在受雇配偶最早有資格退休的時間提款，而不必等到受雇配偶實際上退休的時間。這對非受雇配偶很重要，因為她若不工作亦未參加退休計畫，自然會希望能早日領到錢，即使須經打折；

4.受雇配偶如想繼續領取薪資，並提高他的退休收益，他有權繼續工作；

5.該命令可以規定任何一種形式的付款方式，換言之，非受雇配偶可以選擇一次付款，或在不同形式的年金中選擇一項最適合的方式；

6.它也可以要求退休計畫視離婚配偶為受雇配偶之存活配偶，取得計畫中之全部或部分受雇配偶之身後福利；如此一來，非受雇配偶即使在前配偶退休前忽然死亡，也不至於喪失退休福利。

「合格家庭關係命令」優點雖多，但研究學者從各州法院檔案發現，由於通常只有較有經驗的律師才知道可以申請該命令，法院核准時間亦較長，很多當事人並未從律師處得到充分及最好的建議。由此可知，夫妻之間較有權力財力的一方，因可僱用較有經驗的律師，得到較好的分析及建議，在談判離婚協議時，也較容易取得優勢。

四、延後分配和離婚日分配之比較

美國法院在決定應該在離婚日即對退休福利作分配，還是採取延後分配時，通常須考慮何種方式對雙方當事人較公平，以及估算退休計畫價值的可靠性。美國法院至今認為，如僅採其中一種固定模式處理所有案件，將導致不公平後果。特別是，法院的態度通常會影響夫妻及其律師，在談判離婚協議書時的談判籌碼。

為達到公平性，法院會考慮(1)離婚的夫妻是否有足夠的資產，將非受雇配偶的退休收益一次付清；(2)是否有其他足夠的婚姻財產可作抵銷；(3)立即分配退休收益是否對當事人（特別是非受雇配偶）很重要；(4)如立即分配退休收益，對受雇配偶離婚後的生活有無影響。

針對估價退休收益現值問題，法院在決定現值估價是否可靠時，須考慮退休計畫將發生及成熟的可能性，以及它是否有能力對退休計畫打以適當的折扣。

第四節　分配準則

　　總結以上，儘管美國在夫妻離婚時分配私人雇主退休計畫中之婚姻財產的制度相當複雜，但經過過去三十年的判決，各州法院已得到以下幾個準則：

　　一、法院必須先決定退休計畫，屬於定額收益計畫還是定額負擔計畫。若屬定額負擔計畫，法院應採用收益積累方式，決定其中屬於婚姻財產的利益。若屬定額收益計畫，法院應採用婚姻成分方式，決定其中屬於婚姻財產之利益。

　　二、不論退休計畫為何，也不論法院採用何種計算方式，法院必須決定要在離婚日分配退休金中之婚姻財產，還是採取延後分配。在考慮是否採取延後分配時，法院須考慮是否有其他婚姻財產可以替代退休金利益，以及財產分配是否將使每一個配偶在離婚後有足夠可用的資產。

　　三、針對定額收益計畫，法院在考慮是否採取延後分配時，應慎重考慮計畫中的權利是否已可行使，及已成熟到哪一個階段，是否足以估算出合理現值，如果現值太不確定，法院必須採取延後分配方式。

　　四、若延後分配，法院應盡量利用「合格家庭關係命令」，來分配非就業配偶的利益。

　　五、一旦決定延後分配退休金，法院應避免在離婚日當天確定金額。法院應建立一個公式，允許非就業配偶在計畫中的利益，能在就業配偶領取退休金前繼續增長。

第八章
子女監護權

　　本章旨在介紹美國法律對子女監護權及探視權的相關規定。美國監護權的判決相當特別，法院無法像審理其他案件一樣採取固定的法則判決，而是必須依據一個相當不明確的原則——「子女之最佳利益」，來決定子女在父母離婚後應該跟誰住。當雙親爭取監護權時，法院會鼓勵父母以協商方式，共同找出一個兼顧理想及現實的解決方法。當父母雙方不能達成協議時，法官就必須作出決定，結果往往造成父母互相仇視，使離婚對小孩造成的傷痛更形嚴重。

　　另外，法院對監護權及探視權的決定並非永遠不變，在小孩滿十八歲前，如果家庭內部情況有變，法院可以對監護權作適當的調整。這使美國憲法中的「互惠條款」（要求每一個州承認及執行其他州法院之最終判決）不適用於監護權及探視權，也使得當離婚後的父母親一方或雙方搬離原來居住的州時，究竟哪一州的法院有權處理監護權及探視權成為難題。

第一節　監護權的歷史演變

　　18世紀末前，父親對在婚姻中所生的子女有完全的監護權；19世紀後，法官開始認同「孩提時期理論」（Tender Years Doctrine），認為給母親監護權對幼兒較有利，因為母親天生比較會照顧小孩。

一、從父權到母親優先

　　「孩提時期理論」在19世紀及20世紀上半葉蓬勃發展，終於形成一種強而有力的推論，也就是將監護權交給母親最符合「子女之最佳利益」，除非母親不適任。母親不適任是指她道德品質不佳，而非其為人母的技能

不夠，因此任何父親想爭取小孩監護權，就必須攻擊妻子不道德，不適合做小孩的監護人。依據研究得知，其實父母雙方在19世紀中葉時，都不喜歡「母親優先推論」（maternal presumption），因為父親因該推論通常拿不到監護權，母親也因該推論往往使她的私德成為法庭內爭議的焦點。

　　母親優先推論與過失離婚法終於在1970年代逐漸消失，隨著美國社會價值觀的改變，法院開始重視性別中立。有些學者認為法院重視性別中立，對母親取得監護權不利，因為兩性在社會地位上、經濟條件上並不平等，而且母親一向被認為是自我犧牲的照顧者，一旦出外工作或事業成功，反而成為母親的缺點。但從過去二十年的統計資料顯示，在兩方家長條件一樣時，母親仍占優勢，而父親對母親不適任的攻擊，則改為對母親個人能力不足或性格不穩定方面。

二、子女之最佳利益

　　近年來，心理學的許多理論例如穩定、持續、適應、依賴，成為法院決定「子女之最佳利益」（child's best interest）的重要考量，而發展心理學中之兒童發展理論，對監護權的決定亦產生重大影響。

（一）「心理上家長」及「主要照顧者」優先

　　有些法院在決定幼童之監護權時，會考慮誰是幼童依賴的對象，亦即所謂「心理上的家長」（psychological parent），或誰是「主要照顧者」（primary caretaker）。法院認為把監護權判給主要照顧者及決策者，對幼童心理上的穩定性、安全感及信任，有很大的幫助。

（二）小孩自己的選擇

　　以往小孩無權反對父母及法院在監護權上的決定，近年來，幾乎所有的州都先後通過法律，要求法官了解小孩自己的意願。有些州讓法官自己決定是否願意聽小孩的意願；有些州規定法官必須了解小孩是否有足夠智力表達意見，如果有，法官就必須聽他們的意願；有些州則要求法官在處理所有監護權案件時，必須聽聽小孩的意見。

當法官在衡量小孩自己的選擇時，須先考慮小孩的年齡及成熟度，通常愈年長、愈成熟的小孩的意見，法官會愈尊重；少數幾州規定如小孩滿十四歲，法官必須聽從其選擇。有些州規定必須有律師及／或「監護代理人」（guardian ad litem）（他們不必是律師，但通常都是由律師出任）代表小孩參與監護權的程序。這個時候，律師在理論上應該是代表小孩的利益，監護代理人則應表達自己獨立的意見。但這兩個角色在實務上往往混淆不清，主要是小孩往往不夠成熟，無法表達自己的意願，而律師也認為小孩的選擇不夠成熟而不願聽從。因此不論是律師表達小孩的意願，或監護人表達他所觀察到的現象，通常都必須先就小孩的成熟度、小孩對狀況的了解程度及溝通能力加以說明。

（三）最佳利益之考量

很多州為幫助法官審理監護權案件，紛紛制定法律，列舉法官在決定監護權時應考量的重點。其中不少州採用了《統一婚姻及離婚法》的法條，要求法官考量：(1)父母親或監護人的意願，(2)小孩的意願，(3)小孩與父母親、兄弟姊妹的互動關係，(4)小孩對家庭、學校及社區的適應程度，以及(5)所有相關個人的精神及健康狀況。

（四）其他考量

父母親之經濟情況通常不算恰當的決定因素，但法官可以把父母親一方是否為殘障人士、父母親的性行為、性傾向、是否未婚與人同居，作為考量監護權的其他因素。另外，如法官發現父母親一方曾經施暴，不論是毆打配偶，或對子女施暴或性侵犯，均會影響法官的裁決。

第二節　監護型態

美國法院可以將小孩監護權判給一方家長，這稱為單獨監護，或決定由雙方家長共同扶養，這種方式稱為共同監護。

一、單獨監護

「單獨監護」（sole custody）是指雙親之一方有完全的監護權利；沒有監護權的一方，對孩子與有監護權的一方有提供經濟的義務，卻沒有法律上的權利為孩子做任何決定。通常未取得監護權的一方，有合法的探視權利，而探視時間的安排則由法院或父母雙方決定。

單獨監護一直被認為是最有益於父母雙方及孩子的監護方式。對父母親來說，單獨監護通常會降低他們之間，因孩子問題而相互爭執不休的機會，也因此可減少離婚後的摩擦與衝突。對孩子而言，有人認為單獨監護使他們遠離家庭衝突的中心，也有人主張讓孩子住在同一個家庭，同一個區域，擁有一些固定的朋友、穿著、玩具等等，會讓孩子有較大的安全感。

單獨監護也不是沒有缺點。單獨監護往往使沒有監護權的一方家長退出孩子的生活圈，令孩子失去已經習慣的親密感與性別角色的效仿對象，甚至還會有被父親（母親）拋棄的感覺。有些未拿到監護權的父親，更可能停止支付扶養費，當作「退出」小孩生活的一部分，這樣一來，就更加重了有監護權的母親扶養孩子的負擔。

二、共同監護

美國目前有三十三州准許法院判決「共同監護」（joint custody），以下是這些州法院對共同監護四種最普遍的立場：

1.將共同監護列為選擇之一：法律允許法院將共同監護，和其他形式之監護合併考慮。

2.共同監護需要雙親同意：只有當父母雙方都提出要求，法院才可判決共同監護。

3.只需一方提出共同監護：只要父母之一方提出要求，法院即可考慮給予共同監護。

4.優先考慮共同監護：要求法官不可只將共同監護當作均等的選擇，而是應優先考慮共同監護。

共同監護其實有兩種形式：法律共同監護及實質共同監護。

（一）法律共同監護

「法律共同監護」（joint legal custody）是指父母雙方具有同樣的權利，可以為孩子在一切重要的事項上作決定。當父母親同時取得法律共同監護，實質共同監護權通常都判給母親。因此，法律共同監護其實與單獨監護非常類似——也就是，母親享有直接監護權，而父親有自由探視孩子的權利。近年來美國共同監護大幅度增加，其實是法律共同監護的增加，而並非真的讓小孩分別與雙方父母同住。

（二）實質共同監護

「實質共同監護」（joint physical custody）是指雙親除共同負有為孩子做決定的責任，也必須共同照顧孩子，雖然責任的分配不一定均等，但孩子可以與父母輪流各住一段時間。這種形式的監護愈來愈普遍，主要與父親開始願意承當為父的責任，以及很多母親有全職的工作有關。法院雖然愈來愈傾向給予雙親實質共同監護，但很多專家認為，若想使這種監護權的安排有效運作，必須有父母親雙方的承諾和合作。

實質共同監護的優點為夫妻雙方的照顧與承諾，會降低離婚對孩子的傷害，同時讓父母雙方共同分擔實質監護，可以減輕單方照顧小孩的負擔。但這種共同監護也有不少問題：

1.處在兩個分別具有主人的家庭中，小孩往往不知該聽誰的話。

2.與兩個各自獨立的父親及母親生活，不同的價值觀與生活形態，往往混淆孩子的價值認定。

3.在實質共同監護的狀況下，如父親或母親再婚，可能對孩子造成困擾。

三、非父母親之監護

（一）雙親優先理論

在監護權案件上，法院會依據「雙親優先理論」（parental preference

doctrine），將監護權判給母親或父親，或由兩個人共同監護。這理論的根據源自(1)憲法的原則，雙親具有照料、教養及陪伴子女的權利，以及(2)與父母住在一起，一直被認為最符合「子女之最佳利益」。

「家長優先理論」可以被推翻，如有人證明雙親不適任，或把小孩交給他們中之任何一人對小孩是有害的、危險的，法院即可判給其他人。對父母監護有異議的人必須負擔舉證責任，以強而有力的證據，證明雙親或其中一方身體或精神狀態不好，或道德行為不良，因此不適任。

（二）親戚優先

當監護權不判給雙親中之任何一方時，很多州規定法院必須將小孩的監護權判給小孩的近親。如有兩位近親爭奪監護權，法院則須以「子女之最佳利益」為考量，而爭取監護者的年齡、身體狀況，以及他與小孩之間的關係，均為考量的重點。由於只有雙親對照顧子女具有憲法上的權利，因此「親戚優先」（relative preferences）通常只是一個薄弱的推論，一旦被挑戰即可能被推翻。但不論如何，法院通常認為近親如祖父母、阿姨、姑姑、叔叔、舅舅、繼父母，比一般陌生人較為合適。

最後，在沒有合適的雙親或近親時，法院只得把監護權交給任何一位適任、可提供小孩舒適居住環境及穩定關係的人。

第三節　探視權

「探視權」（visitation right）是一種可以在特定時間與小孩相處的權利。父母中未取得監護權之一方有當然的探視權，而祖父母及其他親戚的探視權，在美國亦日愈受到重視。

一、父母之探視權

原則上，未取得監護權的父親或母親對子女有探視權，但「父母之探視權」（parent visitation right）有時會因顧及小孩的安全及福利受到限制。倘若法院認為父親或母親的探視權會危害小孩的安全，可以要求中立

的第三人，陪伴父親或母親前往探視，這種探視稱為「受監督之探視」（supervised visitation）。監督者可能是親戚、朋友，或由法院提供，或由當事人聘請之專業人員。

有些州要求探視者不准在小孩面前批評另一家長，或不可在探視前一定時間內喝酒。父親或母親的探視權很少被完全取消，但如果政府發現受虐的小孩，一見到曾經施暴的家長，即產生情緒上的不安，即可完全否決該家長的探視權。有少數的州會暫時取消惡意不支付扶養費家長的探視權，但大部分州認為這將侵犯小孩見到父母親的權利。

另外，有監護權的家長，不可剝奪另一家長的探視權，如果一方家長否決另方家長法院規定的探視權，則將因藐視法庭受到懲罰。

二、祖父母之探視權

縱然在憲法上祖父母沒有探視孫子女的權利，美國每一個州都先後立法允許祖父母探視孫子女，有的州甚至擴展至其他親戚。

各州這方面的立法雖然近似，但仍有不少差異：(1)有些州允許在孫子女的父母婚姻存續中探視，有的州則規定只能在其父母離婚、死亡、分居或一方失蹤時探視，(2)有些州規定祖父母必須證明他們與小孩之間原來就有一定關係或友好感情，才有探視權，(3)有些州規定祖父母要探視前須先提出探視申請，(4)有些州規定祖父母只能在法院審理小孩監護權時參加意見。

三、其他親戚及繼父母之探視權

至於其他近親是否有探視權，則要視當州有無立法，或依州法院的判決而定。一般而言，法院在考量探視權時，會以「子女之最佳利益」為優先考量，如果法院發現親戚或繼父母與小孩原來的關係不錯，探視又對小孩有利，通常都會同意。

第四節　專家證人及其他策略

一、專家證人

決定「子女之最佳利益」，通常取決於小孩是否能在適合的環境成長，以及是否能保持良好穩定的精神、心理狀態。因此，心理學家、精神專家及社工人員的意見，對監護權的決定愈來愈重要，而法院也願意讓這些人以「專家證人」（expert witness）的身分出庭作證。他們的報告通常會被律師列為證據，而他們的推薦亦受到法院高度的重視。挑戰監護權之當事人可以找自己的專家證人，法院本身亦可任用能力強、中立及客觀的專家。

專家證人與一般人出庭作證不一樣，一般人只能說出本人實際觀察到的，專家則可表示他們的結論，並對一些不能列為證據的資料表示意見，唯一的限制是這些資料必須在專業上經常被引用。

專家證人可以引用他們的理論，把在訪問或治療小孩及／或其父母時所觀察到的情況加以分析，或評估當事人或律師所提出之假設是否正確。如專家證人已經開始對小孩或其家人進行治療，基於醫生與病人間的特權，專家證人不可以被迫作證，說出病人在治療時所為之機密陳述，但如果病人願意放棄他的特權時，醫生即可作證。如果專家證人只是訪問當事人，醫生與病人間的特權則不存在，專家證人必須在庭上回答對方律師所提出的問題。

二、監護權評估

在爭奪監護權的案件中，法官及律師可以要求由法院或社會福利機構聘請，受過訓練的社工人員進行家庭訪問，藉此觀察小孩與父母實際的互動情況。社工人員的家庭訪問或觀察報告，愈來愈受到法院重視，而他們對監護權的建議，亦往往被法院接納。

三、監護權協商

近年來，美國三分之一州的法院在決定監護權時會進行協商，有些州是強制的，有些州是自願的，有些州則由法官決定是否需要協商。

父母（有時包括小孩）在有專業、中立的調解人協助下，列出各種可能的方案，希望從中找出對小孩最有利、對雙方家長最方便的方案。協調會雖可能有一定進展，只是協調會議上，律師不在場，雙方又可隨便引用證據，往往造成偏見及權力不均的結果。

第五節　監護權及探視權的管轄問題

監護權及探視權在小孩滿十八歲前是可以因環境變遷修改的，因此該兩項權利的判決不算「最後判決」（final judgment），憲法的「互惠條款」也就不能適用。這使得搬遷率很高的美國常常有兩個不同的州法院，在同一時間，處理同一個小孩的監護權及探視權。為解決以上問題，聯邦政府與各州政府在過去幾十年中作了大量努力，以立法的方式，不斷改進監護權的管轄問題。

一、《統一子女監護權管轄法》

在1968年以前，美國任何一州的法院對於在境內小孩的監護權均有管轄權，他們也可以任意修改其他州法院的命令。這種法律助長了綁架小孩與挑選法院，不少未取得監護權的家長偷偷地把小孩帶到別州，在別州重新提出申請，以期取得較有利的判決。不同州的法院往往同時處理同一個小孩的監護權，不僅造成原有監護權的家長及小孩極大的困擾，也浪費了法院的資源。

為杜絕家長綁架小孩、挑選法院、監護權的繼續訴訟、以及各州不一致判決所造成的種種問題，「全國統一州法委員會」於1968年提出《統一

子女監護權管轄法》（Uniform Child Custody Jurisdiction Act）[1]，要求各州法院不僅必須執行原州的判決，而且不能改變原判決，希望父母從此不再有綁架小孩至別州的動機。

（一）管轄權基礎

《統一子女監護權管轄法》規定有管轄權的州，必須是小孩居住的「所在州」（home state），或是與小孩有顯著關連的州。所在州是指在提出申請時，小孩在該州住滿六個月，並與雙親或其中一位同住。有「顯著關連」（significant connection）的州則是指小孩及父母雙方中，至少有一位與該州有顯著關連，因此對小孩現在及未來的照顧、保護、教育均較方便。

在大部分案件中，所在州其實也就是有顯著關聯的州，但對於一個經常遷移的家庭，可能沒有一個州是它的所在州。還有些案件，既有一個所在州，又有一個州是有顯著關聯的州，法院就必須要在兩者中作個抉擇。另外，州法院即使對案件有管轄權，但只要它發現別州法院已開始審理同一案件，就必須停止審理。此外，法院也可以「場地不方便」（inconvenient forum）為由，拒絕審理。

（二）法院場地不方便

法院在決定場地方不方便的主要考量為：(1)小孩是否住在另外一州；(2)小孩及其家庭與另外一州是否有較顯著的關連；(3)小孩現在或未來的照顧、保護、教育在另外一州是否比較容易取得；(4)當事人是否同意由另外一州的法院審理；以及(5)管轄權處理方式，不能違背《統一子女監護權管轄法》的宗旨。

法院在處理子女監護權時，可與其他州法院交換資訊，亦可撤銷或暫停本院案件，以便其他州審理同一案件。另外，所有採用《統一子女監護權管轄法》的州，都必須完全接受及執行其他州的判決。

---

[1]　Uniform Child Custody Jurisdiction Act, 9 (1A) U.L.S. 271 (1999).見網站http://www.nccusl.org.

二、《防治父母綁架子女法》

為澄清子女監護權在法院管轄權上造成的模糊,美國國會於1980年制定了《防治父母綁架子女法》(Federal Parental Kidnapping Prevention Act)[2],要求所有州政府,以互惠原則,接受別州所核發的監護權命令,但如原先的州法院失去管轄權,其他州法院就可以修改監護權的命令。另外,《防治父母綁架子女法》中明文規定,「所在州」具有最優先的管轄權,只有當小孩沒有「所在州」時,才能採取其他選擇。

《防治父母綁架子女法》的管轄權標準與《統一子女監護權管轄法》有很多相似之處,但亦有顯著差別,其中最大的不同在於:

1.所在州優先:在初次決定監護權案件時,所在州法院有絕對優先權,而不像《統一子女監護權管轄法》規定所在州及與小孩有顯著關聯的州都有管轄權。此改變目的是為確定只有一個州的法院可以核發初次命令。

2.專屬、繼續的管轄權:初次決定監護權案件的法院繼續擁有管轄權,亦可修改自己核發的命令。這與《統一子女監護權管轄法》規定小孩新的所在州法院可以修改原命令不同。而且,每一個州,包括與小孩有顯著關聯的州,基於互惠原則,都必須執行原有的命令。

當然,《防治父母綁架子女法》並未解決所有問題,加上由於它與《統一子女監護權管轄法》有許多不一致之處,二者之間的關係亦不夠清楚,導致很多律師及法官故意忽略《防治父母綁架子女法》。

三、《婦女暴力防治法》

美國國會於1994年通過《婦女暴力防治法》(Violence Against Woman Act of 1994)[3],該法規定當受害者離開原來居住的州,新落腳的州應該執行原州核發的保護令。小孩的監護權命令雖與母親的保護令息息相關,

---

[2] Federal Parental Kidnapping Prevention Act, 28 U.S.C. § 1738A (1980).

[3] Violence Against Women Act of 1994, Violence Against Women Act of 2000, 18 U.S.C. §§ 265, 2266.

但它仍受《防治父母綁架子女法》與州法管轄。只是《防治父母綁架子女法》與《統一子女監護權管轄法》均未針對家庭暴力的受害者該如何提出州際小孩監護權申請做任何規定。1997年的《統一子女監護權管轄及執行法》（見下文）版本出爐後，才有條文規定法院不得揭露受害人地址，並在家長或兄弟姐妹遭受暴力時，可以擴大其緊急管轄權。

四、《海牙國際兒童綁架民事處理公約》與《國際子女綁架補救法》

1986年聯合國通過《海牙國際兒童綁架民事處理公約》（the Hague Convention on the Civil Aspects of International Child Abduction）[4]，要求各會員國簽署該公約，共同解決父親或母親擅自將子女綁架至其他國家的問題，並協助被綁架的小孩回到原來居住的國家。

美國國會於1988年通過《國際子女綁架補救法》（International Child Abduction Remedies Act[5]）。截至2001年7月，美國與四十九個國家簽署了公約，致力於把被父母綁架至其他國家的十六歲以下的小孩帶回國。

每一個簽署上述海牙公約的國家均須建立一份「中央登記錄」（central registries），彼此交換資訊，並應盡量讓被綁架的小孩以自願的方式回國，如自願不可行，就應透過司法與行政的程序協助小孩返國。該法的目的在於協助被綁架的小孩回國，而非決定監護權的歸屬。該法的精神是要讓被綁架的小孩回到原來居住的國家，但如被綁架的小孩已在新的國家居住超過一年以上，並很適應新的環境，加上回到原來國家身心反而不利，小孩可以拒絕回到原國。

五、《統一子女監護權管轄及執行法》

《統一子女監護權管轄法》雖大幅改善了1968年前有關監護權的問

---

[4] The Hague Convention on the Civil Aspects of International Child Abduction, 51 Fed. Reg. 10,494 et seq. (1986)或見美國國務院網站www.travel.state.gov.

[5] International Child Abduction Remedies Act, 42 U.S.C. §§ 11601 et seq.

題，但它仍未解決有兩個或以上的州同時有管轄權（例如基於所在州及顯著關聯）的可能性，而且，儘管法條禁止兩個州的案件同時進行，卻無法有效阻止不同州的法院執行其管轄權，並核發相互衝突的監護權命令。另外，有些法官過份利用緊急條款，造成爭議。

　　為解決以上問題，又為符合1968年之後通過的《防治父母綁架子女法》與《國際子女綁架補救法》規定，「全國統一州法委員會」於1997年又公布了《統一子女監護權管轄及執行法》（Uniform Child Custody Jurisdiction and Enforcement Act）[6]，以取代先前的《統一子女監護權管轄法》。截至2001年7月，美國已有二十五州及華府特區採納該草案為州法。

　　《統一子女監護權管轄及執行法》適用於很多不同的程序，任何離婚、分居、虐待、疏忽、親權、婚姻暴力案件，只要涉及監護權與探視權時，州法院就必須遵守該法規定，但該法不適用於小孩扶養費及收養案件。該法第1條及第2條規定：

　　1.給予所在州優先權。

　　2.讓首次核發命令的州法院擁有專屬、繼續的管轄權，一直到小孩及其父親或母親搬離原州。

　　3.當有家庭暴力發生時，授權法院行使緊急管轄權，核發臨時監護權命令。

　　4.指示法院在得知申請者有不正當理由時，婉拒執行管轄權。

　　該法第3條則建立了一套州際之間執行監護權與探視權命令的統一程序：

　　1.法院可臨時執行探視權命令。

　　2.登記外州監護權命令。

　　3.快速執行他州的監護權與探視權命令。

　　4.指示警察人員把被帶離該州並處於危險中的小孩帶回本州。

----

[6] Uniform Child Custody Jurisdiction and Enforcement Act (1997), 9(1A) U.L.A. 657 (1999). 見網站http://www.nccusl.org.

5.授權官員在監護權與海牙公約案件上提供協助。

該法明定所有核發與改變監護權命令的法院都必須確認：(1)它在該法規定下有案件管轄權，與(2)當事人必須取得通知，並有機會表示意見。至於法院是否對當事人或小孩有個人管轄權，則並非很重要。換言之，除非法院在該法下有執行管轄的基礎，否則法院就算對當事人或小孩有個人管轄權，也不能裁定監護權歸屬。

該法也要求所有州法院承認及執行外國法院核發的監護權命令，但如外國的監護權法律違背基本人權，州法院就無須執行外國法院的命令，該語言摘自上述海牙公約中的第20條條文。

第九章
子女扶養費的決定及執行

　　本章旨在介紹美國法律對子女扶養費的金額如何決定，扶養費金額在什麼樣的狀況下可以變更，以及如何強制執行子女扶養費的支付。

　　傳統上，扶養子女的義務被視為一種契約，為取得父母的扶養，子女必須服從父母，提供服務，在父母親年老時照顧他們。現代社會，父母（有時包括繼父母）扶養未成年子女，變成一種義務。也因此，有關扶養子女的討論，多半著重在父母離婚時，如何計算扶養費的原則與方式，以及如何向不支付扶養費的父母追討扶養費等議題。

第一節　決定子女扶養費的準則

　　美國國會1988年通過《家庭扶養法》（Family Support Act）[1]，要求州政府必須設置決定子女扶養費的準則，只有設置該準則的州，才能得到聯邦政府對子女扶養的補助，以及執行子女扶養費的獎金。

　　依據《家庭扶養法》，由準則方程式所計算出的扶養費，被視為可否決的推論，法官如不採用準則計算扶養費金額，必須先以書面說明，使用準則方程式反而將造成不公平或不恰當的結果。

一、扶養費計算模式

　　目前美國五十個州都訂有「子女扶養費計算準則」（child support guidelines），採用的模式分成以下三種：

---

[1] Family Support Act of 1988, 42 U.S.C. § 666 (6).

（一）收入比例模式

　　美國目前最多州採取「收入比例模式」（income shares model）。它的原則是讓小孩得到在父母離婚前同樣的照顧，因此該模式是以父母親的收入與小孩的人數，計算出收入的一定比例，作為子女扶養費。它的優點是計算方法很簡單，只以收入的比例來計算扶養費的金額，亦可因支付者的收入改變而調整。它的缺點是太僵硬，無法因一方家長特別有錢而作調整。

　　近年來，有些採用這種模式的州規定，如遇子女有特殊重大開銷（如學費、暑期夏令營或醫療費用），扶養費支付者應另外支付。

（二）收入分攤模式

　　美國也有很多州採取「收入分攤模式」（percentage of income model），理由是這種模式最能正確地計算出扶養子女的成本。計算方法是依據父母親共同收入得出一個比例，然後再在父母親之間作合理的分配。它可依雙親收入的改變，隨時重新調整扶養費的金額，算是比較有彈性的模式，但計算過程較複雜，亦須雙方的合作。採取這種模式的州，對於額外重大開銷應如何支付，亦有所規定。

（三）達拉瓦莫爾森方程式

　　美國有少數幾州採用「達拉瓦莫爾森方程式」（The Delaware Melson Formula）。計算方法分成三步驟：第一步：把雙親的收入作為提供子女最基本需求的來源，如有一方的收入低於子女基本需求，就沒有支付扶養費的義務。第二步：任何一方收入高於子女基本需求的部分，被認定為「多餘收入」，如果雙方均有多餘收入，就以兩個人收入的總合，找出一個合理的比例，作為支付子女的基本需求。第三步：如一方家長收入扣除子女基本需求後仍有「多餘收入」，該家長就須進一步支付扶養費，讓子女能分享該家長的生活水準，此即「生活水準費用」（standard of living payment）。

二、扶養費準則之調整

　　法院雖應依以上模式計算出子女扶養費，但法院可因以下狀況加以調整：

（一）共同監護的調整

　　以上準則是依據小孩主要是與一方家長同住，但隨著共同監護愈來愈普遍，美國目前大約有三分之一的州規定，當子女同時有兩個家時，就應該調整上述計算準則。

　　調整的原則有三：(1)先算出小孩在「非主要家長」（non-primary parent）居住的時間（通常須達一年中的三分之一），(2)增加每一位家長支付的比例，當子女居住在兩個家庭時，子女扶養費的總金額通常會增加30%-50%（這是因為第二個家庭亦須準備小孩的房間、遊樂空間、家具等），以及(3)非主要家長可以減少扶養費的金額，以補償小孩與他同住時間在金錢上的花費。

（二）因家長有高收入而調整

　　大部分州碰到其中一位家長有高收入時，會調整子女扶養費的計算準則，而扶養費的金額通常遠超過子女實際所需。有些州在引用計算準則時，會先設置一個最高收入標準，超過該標準，就授權法官自行決定扶養費的合理金額。有些州法官在發現雙方家長的財富差距太大時，也會主動引用別種計算標準，以求公平。

三、收入之認定

　　在計算扶養費金額時，法院通常會很實際地審核每一位家長目前的收入及未來可能有的收入，而並非所得稅的報稅資料。如法院懷疑任何一位家長隱藏其收入，或拒絕就業以逃避支付子女扶養費，即可先調查該家長是否惡意隱藏收入或故意不工作，然後再決定是否要以他隱藏的收入金額，或他如有工作可得到的收入金額，計算扶養費的金額。

四、醫療費用

聯邦政府要求州政府在決定子女扶養費時，必須考慮健康照顧費用，州政府則通常要求家長幫子女投保健康保險，保險費由家長支付。聯邦政府甚至透過立法要求各州通過法律，規定雇主必須投保其職員的小孩，不管該職員是否為小孩的主要照顧者。如果職員家長不投保，有監護權的家長可先為小孩投保，再向扶養費支付者索取保金。

五、子女成年後之扶養及大學費用

由於美國在1970年代將成年從二十一歲降至十八歲，導致大量小孩一滿十八歲後，即無法取得扶養費，這讓很多想進大學的子女面臨困難。

若父母親對如何支付子女大學費用有所約定，法院通常願意強制執行。在雙親無此約定的情況下，有的州法院發現小孩有能力讀大學，而其家長亦有經濟能力支付學費，就會判定大學費用為子女扶養費的一部分，有的州法院則堅持除非州法對此有明確規範，否則不應如此判決。民間法律學者也開始討論，扶養的義務應該看小孩在經濟上是否可以獨立而定，而非以年齡為唯一標準。

另外，愈來愈多州規定父母對於成年的殘障子女有繼續扶養的義務。

六、繼父母的扶養義務

在普通法下，繼父母對於繼子女沒有任何扶養責任。但從調查研究發現，愈來愈多有監護權的家長，與再婚的配偶一起扶養同住一起的子女。因此，有一些州通過立法或判例，要求繼父母扶養同住一起的小孩，但通常繼父母一旦與小孩的生父或生母離婚，其扶養義務即立刻消失。但也有州法院引用「不可停止」（equitable estoppel）理論，主張由於繼父母的行為（如長期扶養繼子女），使他在與配偶離婚後依然無法停止對繼子女的扶養義務[2]。

---

[2]　*W. v. W.*, 779 A.2d 716 (Conn. 2001).

第二節　子女扶養費的變更

傳統上，只有當狀況明顯有改變時，子女扶養費才可能變更。近年來，法官則比較願意依個案狀況變更扶養費金額。

在法律上，子女扶養費與配偶的贍養費不一樣，通常只要支付子女扶養費者的收入增加，即構成狀況改變，其原理是小孩在父母離婚後，本來就有權利分享父母親改善的環境。目前美國大部分申請變更子女扶養費的案件，都與父母的收入改變有關。

一、扶養費支付者變更職業

各州法院對於扶養費支付者在更換職業、收入減少時，所提出減少扶養費的案件，有不同的處理方式。如果純粹是非自願性的轉業，通常可作為變更的依據，如是惡意的失業或轉業，則不構成變更的根據。但在現實世界裡，一個人轉業的動機有時很複雜，因此法院在認定轉業是善意的或惡意的，通常採用平衡測驗。換言之，法院一方面尊重人有轉業的自由，另一方面則希望家長的轉業，不致於對小孩產生不利影響。另外，對於扶養費支付者打算回學校讀書，法院會先弄清楚他回學校的目的，如果是為提高收入，法院通常會同意。

二、家庭成員變更

一個家庭的成員在離婚後，常常因父親或母親再婚，或母親或繼母生小孩而有所改變，而這種改變又往往造成收入不足以支持兩個家庭的開銷。為解決這些問題，各州的法院及立法發展出以下規則：

（一）父母親的新配偶及夥伴

不具有監護權的家長再婚或有同居人，再婚的配偶或同居人的收入不能用來支付扶養費，因為他們沒有義務扶養不住在一起的繼子或繼女。但這些人的加入如增加整戶的收入，扶養費的金額可能因此改變。

　　少數共同財產制的州規定，新配偶一半的收入可當作支付扶養費的來源，因為在共同財產制州內，夫或妻對配偶的收入本來就有一半的所有權。有監護權的家長如果再婚或與人同居，並不構成沒有監護權、需要支付扶養費家長降低扶養費的理由。

（二）家長的新小孩

　　當扶養費支付者與他的新配偶有新生小孩時，往往會因開銷增加，而向法院申請降低扶養費金額。法院在考慮是否同意降低扶養費時，會平衡兩邊子女的權益。目前美國各州法院在做裁決時，採用以下三種方法：原有子女優先，後生子女優先，以及合理改變。

　　「原有子女優先」（first children first）是指扶養子女為一種持續的責任，有這種責任的家長本來就應該對日後的生活方式有所抉擇，包括是否要再生小孩，所以不應因有更多小孩就降低對原來子女扶養的義務。採取「後生子女優先」（second children first）的州法院，通常會同意降低扶養費，它的理由是父母親最主要的義務是照顧同住在一起的小孩，扶養費支付者既然需要照顧新生小孩，對原有小孩的扶養費應可酌情降低。至於採取合理改變的州，法院認為原有子女，不應該為了另一個小孩的出生改變他原有的生活方式，但法院得就個案之情況及事實，考量支付者的收入是否足夠扶養所有的孩子，以及如何分配比較公平。

三、扶養費準則及扶養費變更間的關係

　　設立扶養費計算準則的目的，是希望讓扶養子女的義務標準化及公平化，但在小孩成長的過程中，家庭收入及成員的改變，往往打破原來的目的。有的父母親在離婚後經濟好轉，有的惡化，有的再婚或有其他小孩，有的可能再離婚，有的因工作或再婚關係搬到不同城市，這些對監護權的任命，以及扶養費的支付均有影響。

　　根據扶養費計算準則，每一個上述情況的變化，均可作為扶養費變更的依據。父親或母親有權向法院提出變更動議，但很多家長為維護家庭的和諧與避免再一次的衝突，不願向法院提出變更要求，他們不是委屈地遵

守原來的判決，就是尋求私下解決，往往造成不公平的結果。

第三節　子女扶養費的強制執行

在美國，當扶養費支付者不按時履行義務時，政府可採取以下防範措施：

一、私人方法

為確保扶養費支付者不違約，當事人可在簽署離婚協議書時採取一些措施，法官亦可在判決中要求質押支付者的財產，或要求支付者將其資產的一部分設立信託基金，作為支付扶養費所用。法官也可以要求支付者投保巨額保險，以防他死後無法支付扶養費，但這些措施通常僅用在資產很多的人身上。

二、藐視法庭

當一個人有經濟能力，卻惡意不付子女扶養費或配偶的贍養費時，法院可依據民事或刑事「藐視法庭」（contempt）罪名處罰他。

理論上，法院核發民事藐視法庭是希望迫使支付者支付扶養費，受益者是小孩或配偶，所以一旦支付者付清費用，即可解除罪名。刑事藐視法庭則以處罰為目的，因此，即使支付者付清費用，罪名並不會因此解除。儘管兩者目的不同，但在實務上常常混淆不清。

三、州與聯邦的執行

當扶養費支付者遷移他州，拒絕支付扶養費時，就會產生跨州的執行問題。為解決這一類的問題，美國國會過去二十年中通過一系列的相關立法。

（一）IV-D機構

依據《社會安全法第IV-D章》（Title IV-D of the Social Security Act）[3]的規定，聯邦政府設立了強制執行扶養費的辦公室，並要求各州成立類似的機構，就稱為IV-D機構。該機構提供的服務包括建立扶養義務，確認親子關係，協助跨州追討子女扶養費，收集父母親就業資料、所得稅及扣繳資料，以及州際溝通。

聯邦IV-D機構同時也是準司法單位，它可核發及執行扶養費之命令，而各州IV-D機構的功能亦隨著國會一連串的立法日愈增強。

（二）質押、扣留薪水及稅

州法院有權質押積欠扶養費者的財產，或扣除他薪水的一部分（雇主必須直接按月付給法院，或州政府相關單位或接收者）。美國國會在1996年通過《個人義務及工作機會一致法》（Personal Responsibility and Work Opportunity Reconciliation Act of 1996）[4]，要求州政府建立行政程序，自動地質押積欠者的財產，該法更創立行政機制，要求雇主向州政府報告所有新雇者的資料。

美國國會通過的《家庭扶養法》（Family Support Act of 1988）[5]要求州政府立法，規定政府在有事實根據的情況下，可要求雇主遵守法院的命令，先扣留欠款者50%的薪水，交給司法單位、法院或主管機構，任何不服從的雇主除將受罰，還得自行負擔該費用。依據該法，州政府及聯邦政府還有權扣留州及聯邦的退稅，將他們交給主管機構，作為積欠的子女扶養費。

（三）取消執照

《個人義務及工作機會一致法》還規定，聯邦政府可以否決、取消或限制積欠子女扶養費及贍養費者的護照，並且要求州政府通過法令，限

---

[3]　Title IV-D of the Social Security Act, 42 U.S.C. §§ 651 et seq.

[4]　Personal Responsibility and Work Opportunity Reconciliation Act of 1996.

[5]　Family Support Act of 1988, Public Law 100-485, October 13, 1988, 102 STAT. 2343.

制、扣留或中止積欠者的駕照、專業或營業執照，以及休閒（如打獵、釣魚）執照。

（四）州的刑法及《扶養費取回法》

大部分州都先後制定法律，對惡意不付子女扶養費及贍養費的人判以刑事處罰，但當積欠者搬至別州時，原居住的州即很難將他引渡回來。為解決這個問題，聯邦1992年通過《扶養費取回法》（Child Support Recovery Act）[6]，將惡意逃至別州，不支付子女扶養費的行為當作聯邦罪行，並建立一套對這種人起訴的行政機制。該法只適用於積欠子女扶養費達五千美元以上，或至少積欠一年以上的支付者，申請人又必須證明，他已用盡所有州及其他聯邦法律救濟無效，才可要求法院採用此法。這些重重關卡，難免降低該法的功能。

（五）《扶養費命令互惠法》

子女扶養費的命令在小孩滿十八歲前可隨時加以變更，因此該命令不算是最終判決，這造成各州原本必須承認他州法院最終判決的「互惠原則」，不適用於子女扶養費案件。也因此，當扶養費支付者及接收者居住在兩個不同的州時，兩個州法院即可能核發兩個不同的、相互衝突的扶養費命令，或一個州法院變更另一州法院所核發的命令，造成當事人不清楚另一州的命令內容，或根本不知道原有的命令已被變更。

為解決這種混亂的狀況，1996年國會通過《扶養費命令互惠法》（Full Faith and Credit for Child Support Orders Act）[7]，規定只要小孩及其中一位家長留在原州，第一個核發子女扶養費命令的州，就保有持續的、專屬的管轄權，包括變更命令的權利，但如雙方家長以書面協議更改管轄州，則不在此限。當事人可以在另一州登記並要求執行原州的命令。

---

[6]　Child Support Recovery Act of 1992, 28 U.S.C. § 228 (a).

[7]　Full Faith and Credit for Child Support Orders Act, 28 U.S.C. § 1738 B.

（六）《統一州際家庭扶養法》

　　《個人義務及工作機會一致法》規定，任何一個州如想要取得聯邦補助，就必須採納及通過《統一州際家庭扶養法》（Uniform Interstate Family Support Act），並建立一套制度，協助取得子女扶養費命令者，對搬至別州的扶養費積欠者，進行強制執行。

　　為達此目的，各州通過的《統一州際家庭扶養法》中都加入「長肩法」，規定只要符合以下五個要件，即符合憲法管轄權「最少的接觸」的要求：(1)申訴人與小孩住在該州，(2)申訴人在該州照顧小孩，(3)小孩會住在該州是因申訴人在此，(4)申訴人與該州有互動關係，以及(5)申訴人在該州與小孩有親子關係。

　　透過這種持續的專屬管轄及「長肩法」的運作，第一個核發子女扶養費命令的州具有持續的管轄權，加上IV-D機構的連線及登記、強制執行的程序，拒付扶養費者即使跑到別州，亦很難逃過被強制執行的命運。

四、總結

　　過去二十年，美國聯邦政府的介入已使子女扶養費的爭議，從一個原本屬於司法系統的領域，變成一個具有多層次的行政體系。另外，國會透過立法及經費補助，要求各州通過相關法律及設置相關機構，擴大州際資訊分享，使原本完全屬於州法的家庭關係法，融入濃厚的聯邦主義色彩。以上兩個特色，讓子女扶養費的相關法律成為家事法中最具有特色的領域。

第十章
生育權

自美國聯邦最高法院在1942年*Skinner v. Oklahoma*[1]案判決中表示,生育權是「一項基本人權」,美國女人的生育權即開始受到聯邦憲法的保障。但基於以下三大理由:(1)憲法並未明文規定生育權是基本人權,(2)避孕、墮胎及人工協助生殖,與人們的道德及信仰有極複雜的關係,以及(3)人工生殖科技的進步對社會造成極大的衝擊,生育權始終備受爭議。

本章旨在介紹美國法律對保障個人決定要不要生小孩,及何時,以何種方式生小孩的相關規定,其中包括避孕權、墮胎權、結紮及各種經人工協助之生殖。由於近年來人工協助生殖中的代孕安排在美國發展迅速,其衍生的法律問題特別錯綜複雜,作者將另以專章介紹。

第一節　避孕權

美國女人有避孕的權利主要來自憲法中的隱私權。第一編第二章已介紹過美國聯邦最高法院對隱私權的闡述與立場,本節僅著重於女人是否有決定避不避孕的隱私權。

一、已婚女人之避孕權

聯邦最高法院在1965年*Griswold v. Connecticut*[2]案判決中表示,康州法律禁止已婚夫婦使用避孕藥,侵犯了已婚人士的隱私權。雖然憲法並沒有隱私權這個名詞,但*Griswold*案的大法官強調「人權法案」包括人的隱

---

[1]　*Skinner v. Oklahoma*, 316 U.S. 535, 62 S. Ct. 1110 (1942).

[2]　*Griswold v. Connecticut*, 381 U.S. 479, 85 S. Ct. 1678, 14 L. Ed. 2d 510 (1965).

私，而該隱私建立了一個「隱私空間」（sphere of privacy）。大法官並進一步指出，如果一個人不能對自己重大的事情，特別是已婚人士在自己臥室中的行為作決定，或採取他認為必要的行動，那所有的憲法保障均屬枉然，因此這個隱私空間本身就是一種權利，即「隱私權」。

Griswold案不僅對女人有避孕權十分重要，它更代表聯邦最高法院介入家事法的起點。在該案前，家事法一向被視為州法的範疇，而該案使家事法的訂立、運用從此必須受到憲法的約束。

二、未婚女人之避孕權

1972年*Eisenstadt v. Baird*[3]案的判決，進一步保障未婚人士亦有權採取避孕措施。聯邦最高法院認為，生不生小孩係屬於個人的權利，應該受到保障，法官在判決中指出「隱私權是屬於個人的權利，不論已婚或未婚，像這樣會影響一個人是否要照顧一個小孩的決定，不該受到政府干預。」

*Eisenstadt*案判決對美國家事法產生重大影響，在該案之前聯邦最高法院強調保障婚姻關係，之後則轉向對每一位配偶個人權利的保障。1977年，聯邦最高法院在*Carey v. Population Services International*[4]案判決，紐約州規定出售給十六歲以下未成年人避孕藥即觸犯刑法的法律是違憲的。法院在判決中指出：「未成年人與成年人一樣應受到憲法保障，州政府除非為維護『迫切必要的州政府利益』，不能限制未成年人的權利，而不提供未成年人避孕方法，不具有迫切必要的州政府利益。」在該案後，未成年人避孕不再需要家長的同意。

*Eisenstadt*案判決不僅讓未成年人有避孕的權利，也被擴大解釋為只要是兩個成年人之間的性行為就應受到憲法保護，這激勵了同性戀挑戰把同性之間的性行為列為刑罪的州法。聯邦最高法院1986年在*Bowers v. Hardwick*[5]案判決，喬治亞州將肛交列為刑罪並未違憲，因為不合法的行

---

[3] *Eisenstadt v. Baird*, 405 U.S. 438, 92 S. Ct. 1029, 31 L. Ed. 2d 349 (1972).

[4] *Carey v. Population Services International*, 431 U.S. 678, 97 S. Ct. 2010, 52 L. Ed. 2d 675 (1977).

[5] *Bowers v. Hardwick*, 478 U.S. 186 (1986).

為不會因為在家中進行就變成合法。但該案有四位大法官不同意多數決議，他們認為喬州州法違背了憲法保障的隱私權。2003年，聯邦最高法院在*Lawrence v. Texas*[6]案判決，德州以刑法處罰同性之間的性行為違背了被告的法律正當程序。

三、未成年人的避孕權

聯邦最高法院1977年在*Carey v. Population Services International*[7]案判決，紐約州禁止發放十六歲以下者避孕藥的州法不合法。從此，憲法保障的隱私權延伸至未成年人。至於未成年人要求避孕藥是否需要通知父母的問題，聯邦補助的家庭計畫服務並未要求給未成年人避孕藥需要通知父母，而聯邦上訴法院1983年在*Planned Parenthood Federation of America v. Heckler*[8]案，也同意家庭計畫服務在發放未成年避孕藥時無需通知父母。

第二節　墮胎權

美國過去三十五年，「支持選擇權」（pro-choice），亦即主張女人有權終結懷孕，及「支持生命」（pro-life），亦即強調胎兒有存活的權利，兩派人士爭議不休，而美國的國會與聯邦最高法院也成了兩派勢力的角力場。

一、羅伊訴威德案

1973年「羅伊訴威德案」（*Roe v. Wade*）[9]，聯邦最高法院認為女人選擇墮胎的權利是一種「基本人權」（fundamental right），稱之為「隱私權」，應該受到憲法法律正當程序的保障。因此，法院以「最嚴格標準」

---

[6]　*Lawrence v. Texas*, 539 U.S. 558 (2003).

[7]　*Carey v. Population Services International*, 431 U.S. 678 (1977).

[8]　*Planned Parenthood of Southeastern Pennsylvania v. Casey*, 505 U.S. 833, 112 S. Ct. 2791 (1992).

[9]　*Roe v. Wade*, 410 U.S. 113, 93 S. Ct. 705, 35 L. Ed. 2d 147 (1973).

檢查德州政府禁止女人墮胎的法律。德州限制墮胎的理由有以下三項：(1)減少不合法的性行為，(2)保護母體，與(3)政府有保護潛在生命的利益。法院未採信第一項主張，但同意後兩項理由，並主張立法應在政府的利益與女人的權利間取得平衡。

　　簡而言之，美國女人因該案終於取得合法墮胎的權利，但該權利並非完全沒有限制。最高法院將懷孕期間分成三個階段：在第一個三個月期間，墮胎的決定應由孕婦的醫生決定，只要醫生決定墮胎是安全的，孕婦即可選擇墮胎。在第二個三個月期間，州政府在顧及母親健康的考量下，可制定一些合理的法律，以約束及保障母親的健康。在第三個三個月期間，胎兒已經成形，州政府得制定法律限制墮胎，但如基於醫療判斷，孕母為了自己的健康需要墮胎，法律則不得禁止。

　　羅伊訴威德案判決遭到很多支持生命的團體及宗教人士的反對，他們四處遊說，宣傳墮胎合法化將造成性氾濫、道德淪喪，並強調墮胎是殺害生命的行為。1970及1980年代很多州紛紛立法，規定女人墮胎前必須得到配偶的同意，未成年人必須得到家長同意，並限制政府經費不得幫助墮胎，公立醫院亦不得施行墮胎手術。支持選擇的團體則一再提起訴訟，挑戰這些州法的合憲性。

二、丈夫的同意

　　1976年，聯邦最高法院在*Planned Parenthood v. Danforth*[10]案判決，做丈夫的並無權利干預妻子墮胎的決定，州政府要求妻子通知丈夫的規定也構成不必要的負擔。因此，任何州政府不得規定妻子在墮胎前必須徵求丈夫的同意，亦不可要求妻子必須通知丈夫。

三、未成年人的墮胎權

　　未成年人的墮胎權比成年人受到較大限制。很多州都規定當未成年人

----

[10]　*Planned Parenthood v. Danforth*, 428 U.S. 521 (1976).

要尋求墮胎時，需要先得到父母的同意，或最少要告知父母。

　　麻州法律規定未婚的未成年人要墮胎前須徵得父母雙方同意，如果父母中有一人不同意，就必須得到法院同意。聯邦最高法院1979年在*Bellotti v. Baird*[11]案同意父母的介入，但認為麻州應先確定未成年人是否已成熟到可以自己做決定，而且要求父母雙方都同意卻沒有替代方案並不合理。該院在解釋未成年人的墮胎權應該受到限制的原因如下：(1)未成年人比較脆弱，(2)未成年人無能力作出成熟的決定，與(3)生養小孩是重大決定。

　　1981年，聯邦最高法院在*H.L. v. Matheson*[12]案再次表示只有「成熟」（mature）的未成年人，才無需家長同意，州政府雖不能制定一套硬性的法令，規定所有未成年人必須經家長同意才能墮胎，但州政府如規定「父母應被通知」，並未侵犯不成熟之未成年人的權利。由於聯邦最高法院並未在判決中定義何謂「成熟」，造成以後一段時間各州法院依個案，自行決定未成年的當事人是否已「成熟」。

　　儘管如此，有些州法院認為依據其州憲，未成年人應有較大的隱私權，例如加州法院就判定，未成年人要徵得父母同意才能墮胎的規定違背了州憲[13]。

四、不必要的負擔

　　1992年*Planned Parenthood of Southeastern Pennsylvania v. Casey*[14]一案中，聯邦最高法院雖然重申羅伊訴威德的判決，同意女人在胎兒成形前，具有憲法上的權利選擇墮胎，但它取消了三階段分析法，只表示州政府對胎兒的生命及孕母的健康，不分懷孕階段，均有重大利益。該院在此案把女人的墮胎權，從羅伊案的「基本人權」改為「自由利益」（liberty interest），而政府不該在胎兒成形前，對孕母的墮胎權造成「不必要的負

---

[11] *Bellotti v. Baird*, 443 U.S. 622 (1979).

[12] *H. L. v. Matheson*, 450 U.S. 398, 101 S. Ct. 1164, 67 L. Ed. 2d 388 (1981).

[13] *Am. Academy of Pediatrics v. Lungren*, 66 Cal. Rptr.2d 210 (Cal. 1997).

[14] *Planned Parenthood of Southeastern Pennsylvania v. Casey*, 505 U.S. 833 (1992).

擔」（undue burden），該測試標準讓州政府有權通過較嚴苛的立法，女人的墮胎權亦從此受到較大限制。

五、墮胎補助

美國女性雖在1973年取得墮胎權，但聯邦政府及州政府並不認為他們有憲法上的義務補助墮胎，或強制任何公私立醫院幫人墮胎。聯邦最高法院在1989年*Webster v. Reproductive Health Services* [15]案也判決，密蘇里州禁止公立醫院員工進行或協助孕母墮胎，並未將孕母限於更不利處境，她們依然可以去私人醫院找私人醫生墮胎。在該判決之後，聯邦最高法院一直主張州政府及市政府禁止公立醫院進行墮胎手術（除非母親有生命危險）的法令並不構成違憲，也因此，除非孕母能證明其墮胎是為了挽救自己的生命，否則孕母不得使用「聯邦醫療保險」（medicare）進行墮胎，聯邦政府亦不得撥款給提供墮胎諮詢的家庭計畫中心。

聯邦最高法院的立場備受批評及挑戰，因為如公立醫院不得進行墮胎手術，等於剝奪了貧困女人的墮胎權，使她們在不得已的情況下生下小孩，陷入更大的經濟困境。但加州法院則依據加州憲法中的隱私權，強制政府協助貧困的婦女墮胎 [16]。

六、自由出入診所

聯邦政府1994年通過《自由出入診所法》（The Freedom of Access to Clinic Entrance Act）[17]，希望阻止支持生命的團體使用暴力，對付想要墮胎的孕母與幫忙墮胎的醫生。依據該法，受害者可以刑事及民事控告任何使用暴力傷害，或威脅恐嚇孕母或醫生的人。基於憲法的言論及集會自由權，抗議人士可在診所外面的街道上和平抗議，但不可妨礙或嚇阻任何出入診所的人士。

----

[15] *Webster v. Reproductive Health Services*, 492 U.S. 490 (1989).

[16] *Committee to Defend Reproductive Rights v. Myers*, 625 P.2d 779 (Cal. 1981).

[17] *Norton v. Ascroft*, 298 F.3d 547 (6th Cir. 2002).

聯邦上訴法院在2002年*Norton v. Ascroft*[18]案中裁決《自由出入診所法》既不違背憲法的自由言論權，也未剝奪抗議者的法律平等保護。之後不少州通過類似的州法，將阻攔進入診所的行為列為刑罪。

第三節　懷孕權

一、懷孕歧視法

聯邦政府在1978年通過《懷孕歧視法》（The Pregnancy Discrimination Act）[19]，禁止工作場所對孕母或生產後的女性有所歧視。根據該法，雇主應對所有員工一視同仁，但雇主無須對懷孕的女性員工給予特別的待遇。婦女團體則主張懷孕是一種特殊的生理狀況，雇主應該提供孕婦較友善的工作安排，以維護母體及胎兒的安全，因為唯有如此，職業婦女才能得到真正的平等工作機會。

《懷孕歧視法》是1964年《民權法案第七章》（Title Ⅶ of the Civil Rights Act）[20]的延續，任何人依據此法提出告訴，必須證明雇主確實對孕婦有所歧視。如該歧視是間接的，雇主可以業務所需為由，辯稱他無法對孕婦提供特殊照顧。但如果歧視是直接的，例如孕婦被解雇，雇主則必須證明懷孕不符合該工作的「真實職業條件」（bona fide occupational qualification，簡稱BFOQ），亦即女人一旦懷孕，就無法適任原本工作，才不算違法。

二、強制性之剖腹

當胎兒在母體內有生命危險，而孕母不願剖腹時，醫生可要求法院發出命令，讓醫院對孕母進行「強制性之剖腹」（court-ordered cesareans）。法院碰到這種案件時，通常會在尊重孕母保護自己身體的基

---

[18] The Freedom of Access to Clinic Entrance Act, 18 U.S.C.A. 248 (a) (1994).

[19] Pregnancy Discrimination Act, 42 U.S.C. 2000e (k) (1978).

[20] Title Ⅶ of the Civil Rights Act of 1964, 42 U.S.C. § 2000e-2(a)(1)2000.

本人權，以及州政府保護胎兒生命的兩種權利中，找到一個平衡點。

　　有不少人反對醫院向法院作此要求，他們認為法官通常並不熟悉醫療事物，要求法官作此種決定，既不公平亦不正確。但也有不少人認為，當醫生與孕母之間意見不合，醫院的醫療委員會又無法成功調解時，法官核發命令當然是唯一的解決方法。

三、錯誤懷孕

　　孕母及其丈夫或伴侶有權以「錯誤懷孕」（wrongful pregnancy），控告曾經為他們作結紮手術，或裝置避孕器，或進行人工流產，但手術失敗，導致孕母懷孕的醫生。父母也可以控告負責定期產檢，卻未發現胎兒有先天疾病（例如德國麻疹）的醫生。原告求償的理由是，醫生剝奪了他們原來不想生育的選擇權，即使小孩出生後是健康的，亦不影響父母的告訴權。損害賠償包括原來避孕所支付的費用，必須第二次進行避孕的費用，以及身心所遭受的痛苦。父母在小孩出生後，亦可以「錯誤的生命」（wrongful life）為名，向醫生提出告訴。

四、產前疾病

　　由於父母與子女之間不再有免責權，小孩有權在出生後，因「產前疾病」（prenatal injury）控告父母，但他通常必須證明，父母親在小孩出生前，就知道小孩有先天的殘疾。這類案件雖然愈來愈多，但各州的最高法院與聯邦法院尚未審理過。有些州政府為避免父母子女之間的衝突，乾脆制定法律，明文禁止小孩有權因產前疾病控告父母。

五、孕母酗酒及吸毒

　　醫學證明孕母喝酒或吸毒會危及胎兒健康，美國有不少州因此制訂刑法或民法，懲罰孕母酗酒或吸毒。有人認為這種法律侵犯孕母的法律平等保護，又不符法律正當程序，尤其孕母入監會使她的健康狀況惡化，而且孕母在懷孕中期戒毒，對胎兒造成的傷害可能更大。

有少數的州規定，如孕母吸毒或喝酒，造成嬰兒先天不良，孕母將因虐待罪被懲罰。愈來愈多的州主張，如果嬰兒未滿月，卻有酗酒或酗毒的現象，即可證明母親疏於照顧。

第四節　結紮

一、強制結紮、去勢及降低性衝動

聯邦最高法院在1927年*Buck v. Bell*[21]案判決中表示，對遺傳性智障者進行「非自願的結紮」（involuntary sterilization）並不構成違憲，該判決在當時遭到很多人道主義者與反納粹人士的反對。少數州規定性犯罪者必須「去勢」（castration），有些法官甚至在定刑罰時，直接要求性犯罪者去勢，或服食藥物以降低性犯罪者的性慾，或要求虐待小孩的母親結紮。這種非自願的結紮、去勢，或人為的限制生育能力的相關規定或判決是否違憲，一直受到高度關注。

自從*Buck*案件後，聯邦最高法院已大幅度地擴充人的隱私權與生育自主權，因此任何州想要制定要求性犯罪者去勢的法令，就必須在政府保護大眾安全、健康及福利的警察權力，以及憲法保障基本人權兩者之間，找到一個平衡點。也有少數幾州允許政府對智障者進行非自願的結紮，但必須得到智障者的親人或監護人的同意，而且必須證明結紮對智障者本身有利。聯邦最高法院則至今尚未同意過任何強制性的結紮。

二、自願性結紮

各州政府不得限制「自願性結紮」（voluntary sterilization），亦不得禁止公立醫院進行結紮工作，因為聯邦最高法院判決，任何州政府禁止自願性結紮，都違背了當事人的基本人權。

---

[21] *Buck v. Bell*, 274 U.S. 200, 47 S. Ct. 584, 71 L. Ed. 1000 (1927).

第五節　人工協助生殖

　　隨著醫學科技的發達，「人工協助生育」（assisted reproduction）的種類愈來愈多，技術也愈來愈進步。一般而言，人工協助生育是指所有非經由性交之生育方式，包括體外受孕（讓精子與卵子在人體外結合），把精子或卵子冷凍起來，以便將來自己使用或捐贈他人使用，以人工方式將胚胎植入女人體內，傳統式的代理孕母及移植式的代理孕母。有關人工協助生殖中的代孕安排，請參閱下一章介紹。

　　生殖科技雖然可以讓很多原本不孕的夫婦有自己的小孩，但也引起道德及法律上的爭議。例如，到底哪些科技是合法的，哪些是不合法的，參與者的權利及義務應受到何種保障？又例如，誰才是小孩的法定父親、母親或雙親？而且，生殖科技到底是增加婦女生育機會的資源，還是反而成為剝削婦女及複製父權價值的手段？各項問題皆引發諸多討論。

一、冷凍精子、卵子及胚胎

　　夫婦在接受懷孕治療時，通常會將其精子、卵子，或受孕的卵子（俗稱胚胎frozen embryos，其實只是非常早期的受精卵）冷凍儲存在特別的銀行內，以供將來使用。一旦他們離婚或一方死亡，該如何處理這些冷凍精子、卵子或胚胎，即可能成為很大的問題。

　　由於這些精子、卵子及胚胎具有製造生命的潛能，法院在處理時必須十分謹慎。如將精子或卵子留給死者的配偶通常是合法的，如雙方當事人另有協議，法院通常會依照雙方當事人的協議來處理。如果雙方在生前未達成協議，或兩造持不同意見，法院就必須考量(1)爭取精子或卵子之當事人，是否具有強烈成為人父或人母的意願，(2)當事人是否有其他管道可以生育，以及(3)對他方當事人有無危險，然後再決定如何處置該精子、卵子或胚胎。

二、人工受精

「人工受精」（artificial insemination）是指將男人的精子，以人工的方式植入女人的子宮內。依據目前被所有州接受的《統一父母親法》（Uniform Parentage Act），如果捐贈精子者不是懷孕女人的先生，就不能被認定為小孩的生父。但該規定只適用於捐贈精子的人是直接捐給醫生，或在醫生的監督下射精。如果一個已婚的女人，在醫生的監督下完成人工受精，並與其夫二人均簽下願意扶養小孩的同意書，她的先生即可被認定為小孩的生父。

一般而言，當人工受精發生在已婚夫婦，精子來自不知名人士的捐贈，又有醫生參與，法院會毫不猶豫地認定母親的先生就是小孩的父親。而女方經由傳統方式的受孕，即使先講好小孩不歸男方，與女方發生性關係的男人仍將被認定為小孩的生父。

三、卵子捐贈

「卵子捐贈」（egg donation）是指從一個女人身上取出卵子，與精子在「體外受孕」（in vitro fertilization），然後注回原來女人的子宮，或注入另一個女人的子宮內，由後者懷胎生子。截至目前為止，美國各州對這種程序均未立法管制。

對醫學界而言，卵子捐贈與精子捐贈也許並無兩樣。但從案件判決來看，各州法院認為卵子捐贈與精子捐贈顯然不同。一來，卵子捐贈的危險性較大，程序也較復雜，卵子捐贈者通常必須先連續使用排卵藥，使其產生充分卵子（如果卵子不經冷凍，更須配合接收者的生理週期）。二來，女人身體產生卵子後，必須經由外科手術將卵子從體內移開。由於連續使用排卵藥會產生副作用，取卵手術不但會造成捐卵者不適，亦可能發生併發症，因此，即使捐贈者簽下捐贈同意書，又取得大筆金錢，各州法院對卵子捐贈是否合法，意見仍很分歧。

第十一章
代孕安排

隨著醫學科技的進步，代孕已從傳統式的代孕進步到移植式的代孕。而這兩種代孕方式因性質不同，所衍生的法律問題自然有所不同，而法院對這兩種性質不同的代孕安排亦有不同的判決。

《統一父母法》於2000年納入人工生殖條款（第7條），又於2002年再次修正，納入移植式代孕（第8條），成為最新的《統一父母法》版本。「全國統一州法委員會」又於2000年另訂《統一人工受孕小孩身分法》（Uniform Status of Children of Assisted Conception Act），但由於委員對於要如何決定人工生育方式所生小孩的父母身分，無法達成共識，只好提供兩種選擇。第一，在承認「代孕契約」（surrogacy agreement）的州內，聘請「代孕者」（surrogate或surrogate carrier）的女方應該是法定母親。第二，在不承認代孕契約的州內，實際生下小孩的人是法定母親。該會將這兩種迥然不同的立場並存，等於把問題丟給各州的立法者及法院，由各州自行決定。

第一節　代孕的型態

一、傳統式代孕

「傳統式代孕」（traditional surrogacy）是指代孕者為一對想要成為父母親的人（intended parents，以下簡稱「有意的父母」）懷孕生子。最普遍的方法是透過人工受精的方式，使代孕者的卵子與委任她的男方之精子結合，而代孕者同意在生產後放棄小孩，由委任她的「有意的父母」作小孩的父母親。

依據大部分州的父母身分認定法規，由於「有意的父母」與小孩既

沒有血緣關係亦無家庭關係,因此必須等到小孩出生後,以收養方式建立法律關係。但如代孕者用的是「有意的父親」（intended father）之精子,那「有意的父親」與代孕者的配偶,在法律上對小孩享有同等的推定權。「有意的父親」的親權推定係基於他與小孩有血緣關係,而代孕者的配偶之親權推定則基於其與代孕者有婚姻關係。在這種情況下,「有意的父親」通常可用其與小孩的血緣關係建立唯一的親權關係,並在小孩的出生證書上登記為父親。一旦關係確認,「有意的母親」（intended mother）則可採用相當簡易的繼母收養程序,建立其與小孩的法律關係。如精子是第三者捐贈的,「有意的父母」就只能採繁複耗時的收養程序來建立與小孩的法律關係。

二、移植式代孕

「移植式代孕」（gestational surrogacy）是指一對夫婦的精子與卵子在體外受孕,再把受精卵（俗稱胚胎）植入代孕者的子宮,代孕者同意在小孩出生後把所有的權利讓給委任她的「有意的父母」。其過程與傳統式代孕很相似,但如果代孕者在小孩出生後拒絕放棄小孩,所產生的法律問題則與傳統式代孕不一樣。依據《統一父母法》,生母必須是生產小孩的人或與小孩有血緣關係的人,但在移植式代孕的情況下,生小孩的人及與小孩有血緣關係的人是兩個不同的女人,所以要決定誰是合法母親,十分困難。

由於在傳統式代孕安排上,代孕者與小孩有血緣關係,因此只要她堅持不放棄親權,幾乎美國所有州都允許她這麼做。因此當移植技術進步後,美國「有意的父母」就改採移植式代孕,以減少法律障礙。「有意的母親」通常使用自己的卵子,如自己的卵子不能用,只好採用捐贈的卵子。有關精子部分,移植性代孕可用「有意的父親」的精子或捐贈的精子。這些不同的代孕安排,改變了代孕程序中當事人的地位,也對代孕安排的結果有所影響。

（一）採用卵子捐贈者

當卵子是由他人捐贈的，代孕者雖非血緣母親（血緣母親是卵子捐贈者，她通常是無名氏），但因她是實際生下小孩的人，可被推定為小孩的母親。而「有意的父母」與小孩既無血緣關係，又無家庭關係，必須等小孩出生後，用收養程序建立親權關係。代孕者如果有配偶，該配偶則被推定為父親。如果精子來自「有意的父親」，則二人都將被推定為父親。在這種情況下，「有意的父親」可經親權程序來建立父子關係，而「有意的母親」則可採用繼母的收養程序建立母子關係。但當精子來自他人捐贈，那「有意的父母」就必須採用全套的收養程序來確立親權關係。

（二）採用「有意的母親」之卵子

當「有意的父母」提供精子及卵子使其在體外受孕，然後再將受精卵植入代孕者的子宮，代孕者及其配偶依據父母認定法律被推定為小孩的父母親，但「有意的父母」因與小孩有血緣關係，亦可被推定為父母親。因此，「有意的父母」可以採用一個簡單的父親（母親）認定程序取得法院命令，建立「有意的父母」之法定親權，並取消代孕者及其配偶的親權推定。

第二節　各州對代孕安排的規範

代孕安排自一開始即引發爭議，有人認為它是不孕夫婦的福音，應該讓代孕者及想作父母的人自行決定，但也有人擔心代孕合法化會讓貧窮的女人成為生育工具，並製造親子關係的認定危機。女性主義者對代孕的意見亦很分歧，而支持與反對代孕的兩派團體在「M嬰兒案件」（*In the Matter of Baby M*）[1]中均以「法院之友」（amici curiae）的身分，向紐澤西州最高法院提出訴狀。

由於美國大多數州並未訂立有關代孕的州法，亦不見得有判例可以

---

[1]　*In the Matter of Baby M*, 525 A. 2d 1128 (N. J. Ch. Div. 1987), 537 A 2d 1227 (N. J. 1988).

依循，近年來美國律師在處理代孕案件時，必須採取適用的親權法及收養法，來實現當事人在代孕安排上的意願，讓「有意的父母」登記為唯一的法定父母。

　　美國有二十二州通過立法，直接或間接規範代孕及相關問題，例如出生證書簽發，或代孕安排可否收受報償等問題。另有五個州的上訴法院審理過代孕契約的適法性，以及代孕契約是否可執行的案件。在這二十七州內，二十二個州規定某些形式的代孕安排有執行力，只有五個州禁止一切代孕安排。其餘的二十三州及華府特區沒有任何針對代孕的立法或判例法，換言之，代孕安排在這州及華府特區既未被允許亦未被禁止。

一、加州

　　美國有十二個州雖未針對代孕安排立法亦無法院判例，但其家事法傾向允許法院在沒有爭議的案件中核發出生前命令[2]。

　　加州1975年開始採用1973年的《統一父母法》，做為該州的親權條款。法院在認定母親身分時，採用與認定父親身分的同樣規範、推定及程序。加州《家事法》（California Family Code）第7633條規定「依本節所採取之措施，可在小孩出生前採行」，就是允許在小孩出生前即進行親權認定[3]。加州法院在審理代孕案件時不斷引用該條款。

　　加州最高法院在審理*Johnson v. Calvert*[4]案時，表示代孕者的受精卵既來自「有意的父母」的精子及卵子，代孕者及「有意的父母」二者應享有同等的推定權，而當事人想不想成為父母親的意願就成為決定性因素，也

---

[2]　包括阿拉斯拉、科羅拉多、康州、肯薩斯、緬因、瑪利蘭、密西西比、北卡、奧克拉哈馬、賓州、羅得島、南達柯達等十二個州對代孕安排既未立法亦無判例，但該些州的家事法允許法院在沒有爭議的情況下核發出生前命令。ALASKA STAT. §§ 25.20.050 (Michie 2002), .055 (Michie 1997); COLO. REV. STAT. ANN. § 19-4-107 (1994); CONN. GEN. STAT. ANN. §46b-161 (West 1967); KAN. STAT. ANN. § 38-1115 (2000); ME. REV. STAT. ANN. tit. 19-A, § 1557 (West 1999); MD. CODE ANN., FAM. LAW § 5-1025 (1984); MISS. CODE ANN. § 93-9-19 (1962); N.C. GEN. STAT. § 49-5 (1981); OKLA. STAT. tit. 10, § 70 (2002); 23 PA. CONS. STAT. ANN. § 4343 (West 1997); R.I. GEN. LAWS § 15-8-10 (1979); and S.D. CODIFIED LAWS § 25-8-12 (Michie 1984).

[3]　CAL. FAM. CODE §§ 7600-7730 (West 1975).

[4]　*Johnson v. Calvert*, 5 Cal. 4 th 84, 19 Cal. Rptr. 2d 494 (1993).

因此，該案中的「有意的母親」被認定為法定母親。

在*In re Marriage of Moschetta*[5]案中，加州上訴法院判決「有意的母親」與小孩無血緣關係，因此無法享有與代孕者同樣的推定權，「有意的母親」必須以收養方式建立與小孩的關係，而代孕契約不得作為收養契約。

從以上判例看來，加州法律允許在小孩出生前進行親權認定，但只有在「有意的父母」二人均與小孩有血緣關係時，才能依據親權法取得推定權。

加州法院承認代孕契約之合法性，又貫徹契約自由原則，允許代孕者收費、登廣告及仲介業引介雙方當事人。律師服務通常包括協助不孕夫妻和代孕者簽定契約，以及確立人工生殖子女的身分地位。律師在與「有意的父母」第一次見面時會要求他們填寫個人資料，並繳交(1)結婚證書；(2)緊急時的聯絡電話；(3)遺囑，交代如果夫妻雙亡時，孩子的監護權歸屬；(4)AIDS及B型肝炎的檢查證明，與(5)其他可能疾病的檢查證明。

「有意的父母」與代孕者訂約後，必須開立一信託帳戶，並陸續匯入所需款項，以支付各項費用。委任夫妻除需支付代孕者酬金及其他代孕補償費用外，在代孕過程中，亦必須與代孕者接觸及聯絡，以維持雙方和諧的關係。至於代孕契約內容，只要雙方當事人同意，不論是胚胎植入數目、是否可以減胎、何種情況可流產、親子關係的認定，或是雙方的權利義務，都可納入契約內。有關人工生殖子女身分的確立，可於代孕者懷孕至第七、八個月時即辦好所有法律程序，讓小孩一出生即成為「有意的父母」的婚生子女[6]。

二、達拉威爾州

達拉威爾、喬治亞、夏威夷、艾德荷、明尼蘇達、蒙太拿、密蘇里、

---

[5]　*In re Marriage of Moschetta*, 30 Cal.Rptr.2d 893 (Ct. App. 1994).

[6]　參見行政院衛生署國民健康局發表，赴美國加州洛杉磯考察代理孕母實務經驗報告（2006年1月26日）。

新墨西哥、南卡、田納西、佛蒙特、懷俄明等十二個州均未立法，亦無判例承認或否認代孕契約，但各州家事法均明文禁止法院在小孩出生前核發任何與親權認定有關的命令。在這些州內，如「有意的父母」執意向法院爭取出生前命令，所得到的出生前命令也是無效的[7]。達拉威爾家事法規定：「任何人依據本條在小孩出生前提出申請，所有的程序應暫停到小孩出生後。[8]」

三、麻州

麻州原有的法律與達拉威爾州一樣，也禁止法院在小孩出生前核發任何親權認定命令。但在「有意的父母」及律師不停爭取「出生前親權命令」（prebirth parentage order）的情況下，麻州最高法院在*Culliton V. Beth Israel Deaconess Medical Center*[9]案，判決允許核發「出生前親權命令」。法院採用的理由是案中雙胞胎確實與已婚夫婦有血緣關係，因此已婚「有意的父母」應該是小孩的法定父母。法官說明該判例不適用於「有意的父母」與小孩沒有血緣關係的案件。因此，即使在麻州，當「有意的父母」與小孩沒有血緣關係時，他們也只能採用收養程序來建立親權關係。

四、新澤西州

新澤西州親權法也同樣規定不得在小孩出生前認定親權。在「M嬰孩案」中，新澤西州最高法院以親權法決定何為小孩的母親。法院認為代孕者既是小孩的血緣及實際生產的母親，那她就應該是小孩的法定母親，也因此，代孕契約被認定為違背公共秩序而無執行力。

----

[7] DEL. CODE ANN. tit. 13, § 8-611 (2005); GA. CODE ANN. § 19-7-43(c) (2002); HAW. REV. STAT. § 584-6(d) (1991); IDAHO CODE § 7-1107 (Michie 1986); MINN. STAT. ANN. § 257.57 subd. 5 (West 1995); MO. ANN. STAT. § 210.826(4) (West 1998); MONT. CODE ANN. § 40-6-107(4) (1995); N.M. STAT. ANN. § 40-11-7(B) (Michie 1986); S.C. CODE ANN. §20-7-952(D) (Law. Co-op. 1984); TENN. CODE ANN. § 36-2-305(3) (2001); VT. STAT. ANN. tit. 15, § 302(b) (1997); WYO. STAT. ANN. § 14-2-811 (Michie 2003).

[8] DEL. CODE ANN. Tit. 13, § 8-611 (2005).

[9] *Culliton v. Beth Israel Deaconess Medical Center*, 756 N.E.2d 1133 (Mass. 2001).

雖然該案中的代孕方式為傳統式代孕，但其判決理由已延伸至移植性代孕。在*A.H.W. v. G.H.B.*[10]案，新澤西州上訴法院判決有鑒於該州的收養法，即使所有當事人都同意法院核發「出生前親權命令」，法院還是不得核發該命令。

五、紐罕布夏州、維吉利亞州、德州及猶他州

這四個州訂有法律規定當事人在代孕者受胎之前，必須先將代孕契約送至司法部門審核。契約一旦被審核通過，「有意的父母」即可直接在小孩出生後登記為父母親。

紐罕布夏州在1990年通過法律規範代孕契約，任何契約未事先經過司法審核均不合法。而且只要代孕者在小孩出生後七十二小時內決定將小孩留下，並將簽署之文件交給「有意的父母」，即可留下小孩。該法規定出生證明必須在小孩出生七十二小時後核發，法院不可能核發「出生前親權命令」[11]。

維吉利亞州是唯一採用《統一人工生殖子女法》中A方案的州，該方案允許異性夫婦與代孕者簽訂代孕契約，而所有代孕契約必須事先經過司法審核。該州法律規定只要「有意的父母」中一人與小孩有血緣關係，法院即可在小孩出生後讓「有意的父母」直接登記為父母親，但「出生前親權命令」並不可行[12]。

猶他州及德州是全美國唯一採納2000年修正之《統一父母法》（第7條規範代孕安排）的兩州。該法規定代孕契約必須經過司法審核，未經法院事先核准的代孕契約，不具有執行力。如契約經事先核准，法院會在小孩出生後核發命令，將「有意的父母」直接登記為父母親，但「出生前親權命令」則不被允許[13]。

- - - - - - - - - - - - - -

[10] *A.H.W. v. G.H.B.*, 772 A.2d 948 (N.J. Super.Ct. Ch. Div. 2000).

[11] N.H. REV. STAT.ANN. § 168-B: 25 (IV) (1990).

[12] VA. CODE ANN. §§ 20-156 to 20-165 (Michie 1991).

[13] UATH CODE ANN. Ch. 45g (2005), and TEX. FAM. CODE ANN. 1 60 (Vernon 2001).

　　之後，德州又採納了2002年修正之《統一父母法》（其中第8條規範移植式代孕），但德州立法時作了以下幾點調整：(1)「有意的父母」必須已婚；(2)「有意的父母」必須自己不能生小孩；(3)移植式代孕者不能是第一次懷孕，而且她必須有再懷孕的能力；(4)移植式代孕者的卵子不能用在人工生殖程序中[14]。

六、伊利諾州

　　伊利諾州通過《移植式代孕法》（Gestational Surrogacy Act），該法於2005年1月1日生效[15]。該法規定代孕契約無須經司法審查及同意，只要「有意的父母」與受孕者符合相關資格及條件，「有意的父母」在小孩出生時即成為法定父母。依據該法，在伊利諾州「有意的父母」在移植性代孕安排中，很容易取得「出生前親權命令」，而代孕者一旦因移植方式受孕，就無權改變主意。如果「有意的父母」反悔或違約，他們仍有照顧小孩的責任。法院在決定「有意的父母」有無意願成為父母親時，採用當事人意願的測試方法。

　　該法規定要在小孩出生之前建立親權關係，必須符合以下七點：(1)移植式代孕者要聲明她不是小孩的生母，以及她是為「有意的父母」代孕；(2)代孕者如有先生，先生必須聲明他不是小孩的生父；(3)「有意的母親」必須聲明她或卵子的捐贈者提供了卵子；(4)「有意的父親」必須聲明他或精子的捐贈者提供了精子；(5)有伊利諾州執照的醫生必須聲明，代孕者所懷小孩是「有意的母親」或「有意的父親」或兩者的親生小孩，而非代孕者，及其先生的親生小孩；(6)「有意的父母」及代孕者的律師必須聲明，當事人簽訂之代孕契約符合所有法律要求；以及(7)以上聲明均在小孩出生前，以伊利諾州所制定之表格為之，並須經兩位證人作證，亦必須在小孩出生前放入代孕者的醫療資料中，聲明書影本必須在小孩出生前送

---

[14] TEX. FAM. CODE ANN. § 160.760 (Vernon 2003)，並見Lauren Andrew Hudeons, *Gestational Agreements in Texas: A Brave New World*, 57 Baylor L. Rev. 863.

[15] 750 ILL. COMP. STAT. § § 47/1-47/75 (2004).

交伊利諾州的公共健康局[16]。

至於移植式代孕者必須曾經生過小孩，並與代表自己的律師討論過代孕契約。即使雙方簽約，法律不能強迫已簽約的代孕者在簽約後必須懷孕，因此如代孕者在簽約後不願懷孕，法院只能判給「有意的父母」金錢賠償。

七、佛羅里達州

佛州訂有法令允許代孕者為已婚而妻子無法受孕的「有意的父母」進行不收取報酬、人道性質的移植式代孕。該法只同意在小孩出生後作親權認定，並修改小孩的出生紀錄。「有意的父母」必須在小孩出生後三日內提出修改小孩出生紀錄的申請，並須取得兩份法院命令，其中一份證明親權，另一份指示衛生局修改小孩出生紀錄[17]。

佛州家事法允許在小孩出生前決定父母身分，但其代孕法明文禁止出生前作親權認定，因此即使「有意的父母」與小孩有血緣關係，法院也不可能核發出生前命令。

八、阿諾桑那州、華盛頓特區、印地安那州、密西根州及紐約州

這些州通過立法，明文禁止代孕安排，包括移植式代孕。阿諾桑那州法律規定由代孕者所生小孩，即代孕者及其先生的法定小孩[18]。華盛頓特區不僅禁止代孕契約，任何人「參與、促使、安排或協助代孕契約的形成」，不管是否收費，均將處以美金一萬元以下的罰款，或一年以下的刑期[19]。印地安那州法規定代孕安排違背公共秩序，因此無效[20]。密西根

---

[16] Jeremy J. Richey, A *troublesome Good Idea: An Analysis of the Illinois Gestational Surrogacy Act*, 30 S. Ill. U. L. J. 169.

[17] FLA. STAT. ANN. § § 742.15-742.16 (West 1993).

[18] ARIZ. REV. STAT. § 25-218 (1989).

[19] D.C. CODE ANN. § 16-402(a) (1981).

[20] IND. CODE ANN. § 31-20-1-2 (1197).

州法不但規定代孕違背公共秩序，收取報酬的代孕當事人與第三人並將受到罰金及刑期的處罰[21]。紐約州法規定「代孕契約」因違背公共秩序而無效，任何當事人收取費用將處以五百元罰金，但安排有報酬代孕的第三者則處以一萬元罰金，而且當第三者第二次觸法時，更將以觸犯重大刑罪被處罰[22]。

　　以上各些州對代孕安排雖不友善，但每一州的家事法均規定法院在審理認定親權案件時，只要所有當事人都同意，就可以要求在小孩出生前認定父母親身分。因此，這些州的法院在處理代孕安排中的「出生前親權命令」時，並不一定抱持完全排斥的態度，不同的法院也有不同的判決。紐約州法院對*Andres A. v. Judith N.*[23]案的處理方式即為一例。

　　Andres A. v. Judith N. 案涉及移植式代孕，「有意的父母」依據他們與小孩有血緣關係，代孕者又對代孕安排沒有異議，向紐約初審法院之家事法庭要求在小孩出生前認定親權，該庭不願核發命令。「有意的父母」上訴至紐約初審法院，該院要求其家事法庭核發命令，宣布與小孩有血緣關係的「有意的母親」為小孩的法定母親。但家事法庭以《紐約家事法庭法》（New York Family Court Act）中沒有任何宣布母親身分的法條為由，表示它不能超過其法律授權範圍，而拒絕核發認定母親身分的命令，並建議「有意的母親」以收養方式解決問題。

　　兩年後，紐約初審法院審理了另一件類似的案件。*Arredondo v. Nodelman*[24]案中，與小孩有血緣關係的「有意的母親」要求法院宣布她為雙胞胎的法定母親，該院完全不分析紐約法令的限制，就直接宣判：「本市不反對將小孩出生證書上母親的名字改為原告。從所有聲明書看來，沒有任何人對此表示反對意見，而卵子及精子都是原告及先生所提供的，血液檢查也發現受孕者及其夫婿不可能與小孩有血緣關係。本院因此宣布原告是小孩的母親，市政府應核發新的出生證書，反應該事實。」

----

[21]　MICH. COMP. LAWS ANN. § 722.855 (West 1988).

[22]　N.Y. DOM. REL. LAW § 122 (McKinney 1992).

[23]　*Andres A. v. Judith N.*, 591 N.Y.S.2d 946 (N.Y. Fam. Ct. 1992).

[24]　*Arredondo v. Nodelman*, 622 N.Y. 2d 181 (Sup. Ct. 1994).

　　*Arredondo*案顯示即使在同一管轄區的不同法院，都有可能產生不同的判決。紐約初審法院的家事法庭認為自己依據成文法令，沒有權限核發認定母親的命令，但初審法院分析同樣的案件，卻不重視成文法的規定，而將重點放在沒有任何當事人，包括市政府在內，反對核發命令的事實。面對當事人的意願及所有狀況，紐約初審法院採取了有效措施，即使它不一定是法律上最恰當的作法。

　　最後，以上各州雖未在其公布的判例中提及法院核發過「出生前親權命令」，但法院態度似乎並不反對在小孩出生前認定父親（母親）身分。因此，儘管以上各州立法對「出生前親權命令」不友善，但在沒有爭議的代孕案件中，律師仍繼續不斷地向法院爭取「出生前親權命令」。

第三節　「出生前親權命令」

　　綜上所述，不僅各州法律程序不一樣，每一個律師的作法也不一樣，特別是在那些沒有立法或判例法的州內，律師試著採取各種不同的方法，設法讓「有意的父母」被認定為小孩的父母親。其中一種有效作法是向法院爭取在小孩出生前核發「出生前親權命令」，使「有意的父母」在小孩出生前，就被認定為小孩的父母親。

　　「有意的父母」取得「出生前親權命令」有以下多種好處：

(1)「有意的父母」對小孩有立即及唯一的權利，在小孩一出生後就可照顧他，並作必要的醫療決定；

(2)「有意的父母」在醫院及政府機構的出生紀錄上可被登記為父母，避免修改及隱藏原始出生證書；

(3)醫院可在小孩出生後，直接把小孩交給「有意的父母」，而非代孕者，這可避免代孕者將小孩從醫院帶出，再送往「有意的父母」家中的尷尬；

(4)「有意的父母」可能可以讓出生的小孩立即納入其保險中；以及

(5)從純粹情感及心理層次而言，小孩出生前即決定父母身分，可讓

「有意的父母」直接參與生產經驗[25]。

　　儘管「出生前親權命令」有以上各種好處，它並不適用於所有的州與所有的代孕安排。當事人是否應該或可以取得該命令，應視所在州的州法與代孕模式而定。目前只有在州法符合以下條件時，「有意的父母」才能取得「出生前親權命令」：

(1)如植入受孕者子宮的受精卵來自「有意的父母」雙方，認定父親（母親）程序即為合法、恰當的程序，而不必採取收養程序；

(2)如管轄州的親權法令也允許家事法庭考量，決定母權；

(3)如州法未明文禁止在認定父親（母親）的程序中核發出生前命令；

(4)如州法未明文禁止出生前程序，或強制要求在代孕案件中只能在小孩出生後申請身分認定命令；以及

(5)程序沒有爭議，所有當事人均同意。

　　最後，即使「出生前親權命令」對沒有爭議的代孕安排之所有當事人而言，是確保其意願可實現的最有效方法，但它並非沒有問題。例如代孕安排中的任何一位當事人在「出生前親權命令」核發後改變心意，法院恐怕將很難處理[26]。

第四節　代孕安排的法律前景

　　總結以上，美國各州在代孕程序上的法律不僅多元，而且南轅北轍、差距甚大，但當事人之間無爭議的、相互合作的代孕協議，似乎一向是法院決定代孕契約是否合法，以及有無執行力的關鍵。

　　美國「有意的父母」為確保代孕安排的結果，必將繼續爭取代孕契約的合法化，也會盡一切努力讓小孩在出生時得到妥善、舒適的安排，並避

---

[25] Steven H. Snyder & Mary Patricia Byrn. *The use of Prebirth Parentage Orders in Surrogacy Proceedings*, 39 Fam.L.Q.633 (Fall, 2005).

[26] Id. at 659.

免一切可能產生的爭議及政府的干預。既然「出生前親權命令」可以給予「有意的父母」確定感及掌控權，因此即令很多州並不承認代孕安排，原有的家事法亦明文禁止法院在小孩出生前核發任何親權認定命令，「有意的父母」仍繼續委託律師，極力爭取出生前命令。

　　美國律師為達成代孕安排中當事人的目的，採行了一切方法，竭盡所能衝破所有法律的障礙。他們似乎相信經由其努力，總有法官會被「有意的父母」鍥而不捨的精神，當事人之間的團結一致所感動。律師在現有的代孕立法及判例基礎上，為前所未有的案件建立新的解決方法本無可厚非，但他們在大膽採取各種法律措施前，有必要確實了解所在州的法律設計，並與當事人仔細評估、討論各種方案的可行性，以及可能產生的後果。至於美國法院的態度，雖然移植式代孕的案件至今並不多見，但從過去代孕案件的判決可知，法院對於親權的認定一向持保守態度，在短期內，應仍傾向把小孩交給已婚的、雙親的、穩定的核心家庭。

第十二章
父母身分認定及收養

　　美國法律針對於不同型態與方式的收養，以及收養衍生出來的各種問題有不同的規範，又因家庭問題叢生，寄養家庭與法定監護人成為不可或缺的社會產物。本章旨在介紹美國法律如何界定父親及母親的身分，以及法律對收養程序、寄養家長與法定監護人的規範。

第一節　父母身分認定

　　根據英國傳統的普通法，小孩的法律身分決定於其父母的婚姻關係。如果小孩出生時，父母已婚，父親即擁有監護權，小孩被認為是合法的子女，有繼承權及接受扶養的權利。如果父母未結婚，小孩即被認定為非婚生子女，母親有監護權，小孩對父親的財產沒有繼承權。在當代美國，非婚生子女與婚生子女在法律上的差別已不若已往，但由於小孩的權利與義務有時仍受到其父母是否結婚的影響，因此，將小孩區分成婚生子女或非婚生子女並非完全沒有意義。

　　聯邦最高法院曾建議，州政府在制定區分婚生子女及非婚生子女的法律時，應至少符合「中間的檢查標準」，以避免違背憲法中法律平等保護的原則。

一、《統一父母親法》

　　很多州採納及通過《統一父母親法》（Uniform Parentage Act），消除對非婚生子女的歧視，確定父母親的身分，以保障小孩的福利及被扶養的權利。依據該法，父親的身分應由與小孩是否有血緣關係來決定，母親則由有血緣關係或實際生產者兩者之一來決定。

現實生活中，除非卵子所有者及生產者為兩個不同的女人，母親的身分很少產生疑問，大部分依據《統一父母親法》提出的訴訟是在確定父親的身分。程序上，生父的身分可透過「父親宣誓書」（declaration of paternity），或認父的法律程序（驗血是最重要的證明）確定之。

二、可駁斥之推論

法院決定誰是父親（或母親），並非僅在確定誰是生理上的父親、母親，而是要建立父子或母子關係、家庭單位及父母之間的婚姻關係。一個男人若在小孩出生前，表示要與小孩的母親結婚，雖然結婚要件不盡符合，只要他接受小孩，並公開表示小孩是他的，或符合部分結婚之法律要件時，他即可被推論為小孩的父親，享有監護權及負有扶養義務。但該推論屬於「可駁斥之推論」（rebuttal presumption），任何人均可以有利證據（例如驗血報告），推翻他身為小孩父親的推論。

三、決定性之推論

不論是普通法或美國的立法都主張，當小孩出生時母親已婚並與丈夫同住一起，丈夫既非性無能亦未結紮，就應被認定為小孩的父親。這是一種「決定性之推論」（conclusive presumption），主要目的是為保障婚姻的和諧及家庭的隱私權。儘管它是一種決定性之推論，但大部分的州仍允許母親、母親的配偶，或小孩本人，以清楚、有力的證據，證明另外一個人才是小孩的父親。有些州，小孩的母親只有當小孩的生父簽下宣誓書表明自己為生父，並願意承擔養育責任時，才能挑戰其配偶不是小孩的父親。

第二節　收養

「收養」（adoption）是指小孩的生父母同意放棄他們對小孩所有的權利及義務，而養父母經由法律程序，對該小孩開始有扶養的權利及義

務，而小孩的監護權及繼承權亦自生父母轉移至養父母。所有州法都規定任何小孩在被收養前，都必須得到親生父母的同意。如小孩是婚生子女，除非小孩被拋棄或父母被認定不適任，否則父母親二人都必須同意；如小孩是非婚生子女，親生父親必須顯示他有意願承擔父親的責任，才有表示不同意的權利。

　　美國現代的收養法律源自19世紀中葉的收養法，主要的原則是要保障親生父母、養父母及小孩三種人的權利，並在其中試著取得平衡。

一、收養型態

　　美國的收養可分成封閉型及開放型兩種型態，而其中的差別在於被收養的子女，是否能與親生父母保持聯絡。

（一）封閉型收養

　　「封閉型收養」（closed adoption）是指養父母經由收養機構的介紹收養到小孩，親生父母無權挑選養父母，亦不知他們的身分，養父母對親生父母亦一無所知，這是最典型的封閉型收養。在過去二十年中，很多由親生父母及收養子女組織的團體批評，封閉性收養方式使被收養的小孩有認同危機，而親生父母的情感亦受到傷害。同時，養父母也開始希望了解小孩的家庭醫療歷史，並且不反對養子與親生父母聯絡。

　　以上幾股勢力對封閉型收養形成很大的挑戰，再加上墮胎合法化，單親媽媽較為一般人所接受等因素，導致美國國內能夠被收養的小孩愈來愈少，因此，生父母對於想把自己的小孩給誰收養有愈來愈大的決定權，而且還可以要求小孩被收養後繼續與小孩保持聯絡。

（二）開放型收養

　　「開放型收養」（open adoption）不同於封閉型收養，親生父母可以與養父母經常保持聯絡，並可探視小孩。實務上，開放型收養一開始即與封閉型收養不一樣，親生父母通常透過廣告或仲介與養父母見面，討論收養事宜，有時還以簽約方式約定收養後應互通消息及相互拜訪。

美國最普遍的開放型收養發生在家庭內部，例如祖父母收養孫子孫女，叔叔、伯伯收養姪子、姪女，舅舅收養外甥，繼父繼母收養他們配偶的孩子。州政府在審核這種開放型收養案件時，對養父母的資格較少刁難，而親生父母在小孩被收養後亦有權利探視小孩。

二、收養方式

美國收養小孩的方式很多，但均須經過合法的程序申請，並經法院核准。

（一）機構收養

「機構收養」（agency adoption）是指生父母放棄對小孩的權利及義務，把小孩轉給收養機構，再由收養機構把小孩交給經政府機構核准的養父母收養。依據《統一收養法》（Uniform Adoption Act），如果親生父母在小孩出生前即同意棄權，他們在小孩出生後的一百九十二個小時內仍有權反悔。有人認為一百九十二小時不夠，但究竟要給予親生父母多少時間反悔才算充分，一直爭議不斷。

有意收養小孩的父母親必須正式提出收養申請書，並經法院及收養機構審查及核准。在養父母的資格被政府主管機構核准後，除非法院發現養父母不適合收養某一特定小孩，或無法滿足某一小孩的特殊需求，一般的申請案均會予以核准。如果不核准，小孩將回到收養機構的監護下，由收養機構安排另一個收養家庭。

透過收養機構的收養一直是所謂的封閉型收養，但收養機構現在也漸漸開始提供養父母小孩的健康狀況及背景資料。依據《統一收養法》，收養機構允許親生父母指定養父母的條件。

（二）直接收養

「直接收養」（亦稱獨立收養）（direct placement adoption）是指親生父母直接將小孩交給州政府收養機構核准的養父母。親生父母通常在小孩出生前，即透過個人聯絡、或經由報紙廣告、收養顧問或嬰兒經紀人

（這些人在有些州可合法執業）從中介紹，與希望收養小孩的人接洽。這種方式允許親生父母與養父母互問問題，選擇他們認為比較理想的對象，養父母通常也會陪伴生母生產，然後把嬰兒直接從醫院帶回家。

這種直接收養方式看似與機構收養不同，但其程序卻與機構收養大同小異。它一方面提供親生父母足夠的時間考量，是否真要把自己的小孩給人收養，一方面又給予養父母某種程度的確定感。如果親生父母及時反悔，養父母必須將嬰兒送回給親生父母。同時，養父母必須提出正式的收養申請，在通過法院及州政府福利機構的審核後，收養才算確定。

由於這種方式的收養，親生父母及養父母互相認識，因此，直接收養也算是一種開放型收養，但目前只有少數的州承認親生父母在小孩被收養後有法定的探視權。

（三）家庭內部收養

美國最普遍的收養是收養配偶之親生子女。由於收養者與小孩已同住一起，收養的程序比較簡單。

對於繼父或繼母收養繼子或繼女，政府通常樂觀其成，因為它對小孩有利，例如小孩在被收養後，可成為核心家庭的一份子，有助於家庭和諧及親密關係，而與其同住的繼父或繼母也從此對小孩有扶養的義務。但另一方面，政府必須保障未取得監護權的父親或母親，在自己小孩被繼父或繼母收養後的探視權利。目前大部分州都規定生父或生母，及其父母有繼續探視小孩的權利，小孩亦可保有繼承生父或生母遺產的權利。

（四）政府補助收養

所有州政府均訂有補助計畫，幫助一些因年齡、身心殘障或種族因素難以被收養的小孩找到收養家庭。政府會透過社會福利機構對於願意收養這類小孩的家庭給予補助，至於補助的時間長短、性質則依小孩的需求而有所不同。

聯邦政府於1980年通過《收養協助及兒童福利法》（Adoption

Assistance and Child Welfare Act）[1]，希望政府能幫助一些有意願收養長期待在寄養家庭的小孩，但經濟上有困難的寄養父母。該法也承諾凡是願意協助有特殊需要的小孩被收養的州政府將得到聯邦補助款。2000年國會又通過《收養及安全家庭法》（Adoption and Safe Families Act）[2]，進一步鼓勵州政府協助有特殊需要的小孩被收養，也要求州政府為他們投保健康保險。

（五）國際收養

　　任何美國人要想收養外國小孩，必須符合三種法律規定：小孩所在國家的法律，美國聯邦移民法令，以及收養父母所在州的州法。

　　依據美國《移民及國籍法》（Immigration and Nationality Act）[3]，外國小孩必須是孤兒才能被收養，而孤兒的定義為雙親死亡、消失、或放棄扶養。如為放棄扶養，則須有雙親簽署的棄權書，表示從此放棄小孩，並同意小孩出國。在小孩進入美國後，養父母必須依據所在州的法定程序完成收養手續。

　　許多聯合國會員國簽署了1993年《保護小孩及跨國收養合作公約》（The Hague Convention on Protection of Children and Co-operation in Respect of Intercountry Adoption），希望建立一套跨國收養的程序，解決存在於較貧窮、較多人有意願放棄小孩的國家，與已開發、有意願收養小孩的國家之間的矛盾緊張關係。該公約的中心原則認為國際收養雖不如本國收養理想，但總比把小孩送到孤兒院好。該公約主張小孩是否可被收養，應由小孩出生國家的法律決定，至於想要收養小孩的父母是否適任，則應由養父母國家的法律決定。為避免給親生父母壓力，或讓他們有「販售嬰兒」的機會，所有國際收養均應為封閉型收養，也就是不准親生父母與養父母在收養小孩前有任何接觸。

----

[1]　Adoption Assistance and Child Welfare Act of 1980, 42 U.S.C. §§ 620-628, §§ 670-679(a) (2000).

[2]　Adoption and Safe Families Act, 42 U.S.C. § 673A(2000), § 671(a) (2000).

[3]　Immigration and Nationality Act, Public Law No. 82-414 (1952).

美國於2001年確認《保護小孩及跨國收養合作公約》並通過立法[4]，但該法僅適用於該公約的所有簽署國。

三、養父母的選擇標準

「子女之最佳利益」是收養的最高原則，而法院在決定收養家庭時，往往會考慮以下幾點因素：

（一）性傾向

有些州禁止或限制同性伴侶收養小孩。2004年，佛羅里達州一些同性的寄養家長及法定監護人在聯邦法院提出告訴，主張佛州禁止同性伴侶收養小孩的州憲違背聯邦憲法的法律平等保護，結果聯邦上訴法院判決由已婚夫婦收養小孩對小孩較為有益，因此佛州的州憲並未違憲[5]。目前美國有十二州通過立法及公民投票的方式限制同性伴侶收養小孩，但也有州法院允許同性伴侶收養小孩，稱之為「第二家長收養」（second parent adoption）。有的州法則規定任何人不應因其性別、性傾向或婚姻狀態受到歧視，加州法院2007年就因此判決同性伴侶有權利刊登收養小孩的廣告[6]。

（二）種族

種族通常是在選擇收養家庭時的考量。聯邦最高法院雖然尚未裁決過不同種族的收養案例，但從它在1984年的監護權案件中主張種族不該是監護權的唯一考量[7]，可推論種族也不應該是選擇收養家庭的唯一考量。

種族配套一直是爭議的話題，1960年代跨種族收養被認為是正面的，但1970年代黑人社工人員建議非裔小孩應由非裔家庭收養或寄養。之後有

----

[4]　42 U.S.C.A. §§ 4901 to 14954 (West Supp. 2001).

[5]　*Lofton v. Secretary of Dept. of Children and Family Servs.*, 358 F.3d 804 (11tj Cir. 2004), cert. denied, 543 U.S. 1081 (2005).

[6]　*Butler v. Adoption Media, LLC.*, 486 F. Supp.2d 1022 (N.D. Cal. 2007).

[7]　*Palmore v. Sidoti*, 466 U.S. 429 (1984).

些州通過法令，規定在選擇收養家庭時應考量種族因素。

國會1994年為解決因考量種族因素延誤收養程序的問題，訂立《多種族安置法》（Metzenbaum Multi-Ethnic Placement Act）[8]。該法允許如果養父母與收養小孩同種族對小孩比較有利，可在「機構收養」程序中考量種族因素，但凡接受聯邦補助的機構不得只因種族因素延宕或否決收養。該法在1996年做了修正，允許在選擇養父母時考量種族因素。此外，養父母的年齡、婚姻狀態、是否身心健康也都是法院考量的因素。

四、與收養有關的其他法律

（一）嬰兒經紀人法律

有些州訂有「嬰兒經紀人法」（baby broker laws），禁止非家長、監護人或合法收養機構之外的人，尋找或提供可被收養的小孩，或在有意將小孩送人收養者與有意願收養者之間作仲介，收取服務費。事實上，除州法有所限制，為避免讓國內貧窮的婦女及第三世界的女人蒙受被迫放棄小孩的壓力，美國及全球各國都制定法律禁止販售嬰兒，並且不能以付費方式收養小孩。因此，在合法的收養程序中，如養父母願意提供生母費用，也只能提供生產費用及辦理收養手續之費用。

美國有些法律學者不同意這種限制，他們認為貧窮的生母若得不到經濟上的好處，大多會選擇墮胎，為使無法生育的人有小孩可以收養，不妨給生母一筆合理的金額，而養父母在付費後將更珍惜自己收養的小孩。截至目前為止，美國所有州的法律均不允許這種付費，但養父母為收養小孩支付大筆金錢則時有所聞。

（二）未婚父親及收養

有關非婚生子女之父親，是否有權利反對小孩被收養這個問題，聯邦最高法院在一連串的判決後已建立了清楚的標準，那就是血源關係賦予未婚的父親一個潛在的權利及機會可以成為小孩的父親，但他必須抓住機

8　Metzenbaum Multi-Ethnic Placement Act, 42 U.S.C. § 5115a (1994).

會，承擔扶養責任，才能建立親子關係，也才能對收養表示意見。

有無親子關係表現在該父親是否願意與小孩的母親結婚，以及是否願意與小孩同住、扶養小孩，且將小孩視為己出。在小孩出生前，如果未婚的父親，對懷孕的母親表示關心，願意負擔生產費用，並自始至終參與懷孕生產的過程，即有權對收養表示意見。

如果父親與小孩母親的關係在小孩出生前即告結束，父親不一定會知道小孩在出生後即將送人收養。對於這種狀況，有些州採取「推定父親登記」（putative fathers registries）制度，任何男人如果自知將成為父親，可向政府主管機構登記，他也就有權對小孩的收養表示意見。有的州則要求法院對親子關係進行調查，唯有被證實確為小孩生父的男人，才有權利反對收養。

五、收養成年人

大部分州允許收養成年人，但也有少數州對於收養成年人有一些特別的限制。例如法院遇到收養成年人案件時，會先詢問收養的目的為何，以避免收養是為領取遺產，或有其他欺騙非法目的。

六、收養失敗

收養有時會因生父母撤回其同意，或養父母取消收養而宣告失敗。

（一）撤回同意

生父母有權在一些特殊狀況下撤回其同意，這些狀況通常發生於生父母被欺騙或被脅迫才同意將其子女交人收養。

傳統上，許多州都允許在核發收養命令前，生父母可以撤回其同意。現在大部分州都規定生母只能在一定期限內撤回其同意，例如《統一收養法》規定家長得在小孩出生後八天內撤回其同意。另外，許多州法院對於生父母是否遭到脅迫訂有很高的標準，例如紐約州法院不認為家人游說生

母將小孩交由他人收養算是脅迫[9]。

（二）取消收養

　　許多州允許養父母在一些情況下取消收養。傳統上，當小孩一些原先不知情的疾病或殘障被發現時，養父母可以取消收養。現代法院比較不允許取消收養，因為這可能對小孩產生不利影響。有些州只有當收養機構被證明有詐欺行為或做了不實陳述，或收養程序有瑕疵時，才能取消收養。另有一些州拒絕養父母取消收養，但允許他們依據侵權法以「錯誤收養」（wrongful adoption）提告，向收養機構索賠。

第三節　寄養家長及法定監護人

　　有一些人未經法定收養手續成為小孩的養父母，但他們對小孩有一定的權利及義務。

一、寄養家長

　　傳統上，所有在一段時間內照顧、管教小孩的人通稱為「寄養家長」（foster parent），但寄養家長在美國當代的定義是指取得政府執照，接受州政府資助的小孩照顧者。寄養家長照顧的對象是原生家庭無法照顧的小孩，或正式收養手續尚未完成，或無人願意收養的小孩。

　　最普遍的狀況是生父母自願地或被迫地把子女的監護權，轉讓給州政府或合法立案的私人機構，再由政府或私人機構把小孩交給寄養家長。雖然很多小孩在寄養家庭一待就是好幾年，但此制度的目的是讓小孩得到暫時的照顧，最終可以回到自己父母的身邊或正式被他人收養。寄養家長對小孩的照顧品質及住家的環境受到政府監督，政府如發現寄養家長照顧小孩不夠周到或有缺失，可予以限時改進或取消其資格。

---

[9] *In re Baby Boy L.*, 534 N.Y.S.2d 706 (App. Div. 1988), 上訴敗訴541 N.E.2d 427 (N.Y. 1989).

二、法定監護

「法定監護」（legal guardianship）是指父母把自己小孩的監護權及其他法律權利轉移給他人，但不放棄家長的身分。監護制度可讓無法或無能力照顧小孩的父母，放棄對小孩的監護權，卻仍可以與小孩保持感情上的家庭關係。法定監護人可由父母挑選，也可由法院委任，這種監護權除經法院命令撤銷，否則是永遠的。

另外，如果父親或母親在生理上或精神上有重大疾病，可先找一位「備位監護人」（standby guardian），約定在父親或母親失去行為能力或死亡時，備位監護人將成為小孩的法定監護人。這種備位監護人的資格，可隨時被父母親取消。

第十三章
父母及未成年子女的權利

本章旨在介紹美國法律對父母教養子女之權利、子女被父母扶養與受教育的權利，以及政府作為「國家家長」（parens partial），對以上各種權利的管理及規範。此外，本章也將介紹美國的少年司法制度。

有關父母與子女之間的權利義務，主要考量在於：(1)法律如何看待未成年子女的不成熟及其成長的能力，(2)父母雖然有權管教子女，但政府身為國家家長，亦有權利與義務對父母的權利加以限制，以及(3)當父母與子女之間意見不同時，法律應如何處理。

第一節　父母與子女之間的權利

在法律上，父母有教養子女的權利，而子女有被父母照顧的權利。

一、父母的權利

有關父母養育子女的權利，聯邦最高法院經由一連串的判例建立的標準很清楚，就是父母如何養育子女是一項基本人權，但其養育方式必需顧及子女的健康、安全及福利。至於政府對於父母養育子女的方式，是否能加以約束及規範，法律界則有不同看法。

有些人認為父母的權利來自自然法則，或生物法則（是上帝的意旨或宇宙的自然法則），因此父母應有完全的決定權，政府管得愈少愈好。另一派人則批評以上看法是把小孩當作父母的個人資產，是不正確的，他們認為父母的權利應該只是受託的關係，亦即父母有責任辛勤地、忠誠地照顧小孩，但政府應透過法律一方面鼓勵父母履行照顧義務，一方面限制父母對教養子女的決定權，並在父母違背其義務時進行干預。

有些父母因堅持自己的宗教信仰或少數民族的文化傳統，不願意送子女到一般學校入學或去醫院看病，政府一旦發現父母的抉擇危及小孩的利益或健康，就可以加以干預。

二、未成年子女之權利

未成年子女的權利通常分成兩方面，一方面是生活上的需求應被滿足，亦即取得福利及被保護的權利，另一方面是自主性的權利，亦即參與的權利。

針對被照顧的權利，小孩是權利的受益人，但他們不能主動放棄權利。換言之，小孩有義務接受照顧，而父母或政府有義務提供照顧。有關自主權，正如言論、宗教自由權一樣，小孩有權行使，但亦可以自動放棄。

（一）憲法對未成年人權利之保障

美國憲法並未提及未成年人是否有自主權，但聯邦最高法院在判決中已將該權利延伸到未成年人，只是未成年人能享有的權利，例如言論自由權，與大人並不一樣，而且往往僅局限於校園內。聯邦最高法院在決定是否要給未成年人某一項自主權時，一方面會考慮個案中未成年人權利的重要性，一方面又會顧及該自主權對未成年人可能造成的危險，因此並未設立十分清楚的標準。

不同地區的聯邦上訴法院在審理未成年人權利的案件時，所採取的立場大不相同。例如美國很多城市針對未成年人在夜間的活動設有不同的管制，未成年人團體認為那些規定違反憲法的言論、集會自由權與法律平等保護的原則。有些地區的聯邦上訴法院判決，未成年人應受政府約束，只要州政府的規定具有「重要的政府利益」，例如保護大眾，降低青少年犯罪，保護青少年安全，就不構成違憲。其他地區的聯邦上訴法院則主張，既然州政府侵犯的既然是言論及集會自由權，就應用「最嚴格的審查標準」檢驗政府是否有必要作此限制，以及限制的範圍是否恰當，如果管制太廣泛，侵犯到未成年人的權利及自由，也間接約束了一些原本合法的活動，就構成違憲。

（二）未成年人之行為能力

　　未成年人在傳統的普通法下不能執行的權利很多，例如未成年人不能與人簽約，就算簽了，未成年人亦可不履行。近年來很多舊的規定逐漸被取消，「未成年人無行為能力」（disability of minority）也從「決定性之推論」，轉變成「可駁斥之推論」。因此，未成年人（或要對未成年人提告的人），如能證明自己（或相關未成年人）已成熟到一個程度，就可推翻未成年人無行為能力的推論。有的州甚至取消一些對未成年人的限制，例如學生可獨自申請學生貸款。

　　法律學者及未成年人權利團體一直不贊成未成年人不具完全行為能力的觀點。他們認為很多研究報告證明，未成年人的智慧及道德判斷，足以讓他們作出與成人一樣成熟的決定，而且不同的小孩在不同的環境下成長，成熟的程度不一，將年齡作為是否有行為能力的標準並不正確。截至目前為止，美國的未成年人仍不能以自己的名義提出告訴，必須由其父母或監護人代為提出。至於未成年人是否應對自己的侵權行為負責，除了幼童不必負擔任何責任外，其他未成年人的責任視年齡及成熟度而定。

　　聯合國會員國為保護兒童權利，曾簽訂《聯合國兒童權利法案》（United Nations Convention on the Rights of the Child），要求所有簽約國必須(1)提供孩童所需，讓他們生活無虞，有免除暴力及剝削的權利，並有權利接受教育及有休閒活動，與(2)給予兒童自主權利，讓他們享有言論、表達思想、和平集會、參與各種宗教及文化活動的自由。

（三）提早成年

　　未成年人可依法院判決，變成一個「解放的未成年人」（emancipated minor）。未成年人一旦被解放，即不再與父母親有法律關係，而父母親對他亦不再有扶養照顧的義務。同時，未成年人一旦被解放，未成年人在法律上的障礙就被解除，他除可以獨立生活，保有自己的收入，對自己的經濟、債務負責，並可以自己之名對人提出告訴，當然亦可被告。但是解放的未成年人依然不得喝酒，亦無投票的權利。

1.司法解放

依據普通法,未成年人若可證明其獨立之事實,例如獨居、自立自養或已婚,即可以向法院申請「司法解放」(judicial emancipation),法官有自由裁量權,依據未成年人的最佳利益作決定。在有些州,未成年人在申請司法解放時,除須證明自己已獨立,尚須得到父母親的同意。其他州則規定,未成年人一旦離家,即證明其已獨立,他無須得到父母親的同意,即可申請司法解放。至於未成年人在解放後,是否可撤銷解放登記,各州有不同的規定。

2.法定解放

美國許多州制定法律,允許未成年人及其父母或兩者中之一方提出「法定解放」(statutory emancipation)的申請,由法官在開過證據庭後,決定解放是否符合未成年人的最佳利益。有關法定解放後是否可以再行改變,以及解放後之未成年人的權利及義務,各州有不同的規定。

第二節　教育權

教育對一個人的成長十分重要,小孩有接受教育的權利,父母有權決定教育小孩的方式。但當父母與子女對教育方式意見不合時,或政府介入時,往往就須由法院作決定。另外,學生在校園內的言論自由權,以及其他各項權利,是否因未成年人不夠成熟而受到限制,亦往往是關注的重點。

一、父母對子女教育的決定權

雖然公立教育不是美國憲法賦予每個人之基本人權,但強制性的公立教育,一向被視為州政府最重要的功能之一。因此,父母或監護人如果故意地或疏忽地未讓小孩受教育,即將受到州政府的懲罰。至於父母是否

有權決定小孩的教育方式，聯邦最高法院在1923年的*Meyer v. Nebraska*[1]判定，父母有權決定子女接受何等教育，包括選擇不讀公立學校，改讀教會學校或外語學校的權利。之後，最高法院又多次判決，州政府對於私立學校教材、教職員資格設置一些不合理的規定是違憲的。這些判決對20世紀上半葉美國吹起的一股反移民風潮產生了制衡作用，使美國社會能保有多元化的特質，少數民族的文化傳統亦因此受到保障。

　　1972年*Wisconsin v. Yoder*[2]案，聯邦最高法院重申，州政府在限制父母以自己的方式教育子女時，必須有合理的標準。從此，聯邦下級法院及各州法院開始以合理的標準，檢視州政府在這方面的規定。有些法律學者認為父母對於子女教育的選擇權應受到更大的保障，但聯邦最高法院自*Wisconsin v. Yoder*案後，就未再審理過這類案件，因此無從得知聯邦最高法院是否有更新立場。

二、在家教育

　　在過去三十年中，愈來愈多美國父母選擇在家教育自己的子女，讓子女受到他們認為更好、更專業或更恰當的教育。其中很多是基督教基本教義派份子，他們不願意他們的小孩在學校接觸一些不好的題材，如性教育及進化論。

　　由於很多接受在家教育的小孩表現很好，在各項全國考試中獲得高分，「在家教育」（home schooling）愈來愈受到尊重。目前有三十幾個州的立法或法院判決承認在家教育，並把它視為私立學校的一種。

三、小孩受教育的權利

　　如上所述，受教育權雖非憲法直接賦予的權利，但聯邦最高法院在判決中早已認定強制性、公立教育是州政府最重要的功能之一。1982年*Plyer*

---

[1]　*Meyer v. Nebraska*, 262 U.S. 394, 43 S. Ct. 625, 67 L. Ed. 1042 (1923).

[2]　*Wisconsin v. Yoder*, 406 U.S. 205, 92 S. Ct. 1526, 32 L. Ed. 2d 15 (1972).

v. Doe[3]案,聯邦最高法院再次說明「教育雖非憲法所賦予個人的權利,但它具有維持社會體制的功能,對人的一生影響重大,所以它比其他社會福利更為重要。」簡言之,教育既然對整體社會有重要功能,政府就有權制定法律管理學校、教材、教師資格,並可要求孩童一定的學校出席率。但另一方面,受教育既是一種法律權利,憲法中的平等法律保護及法律正當程序就應該適用,州政府在管理教育時,必需證明政府有合法的目的,而任何法律的制定與政府之目的必須有「合理的關係」。

四、父母與子女對教育意見不合

大部分大法官認為父母及其子女的利益是一致的,但大法官道格拉斯（Justice Stephen Douglas）在*Wisconsin v. Yoder*一案的少數反對意見中指出,小孩有獨立的受教育權;只要小孩夠成熟,有能力表達為何反對父母親的決定,政府應該尊重小孩的判斷,因為憲法賦予學生有權決定自己的命運。聯邦最高法院在之後的判決並未採取道格拉斯的意見,仍支持父母有教養小孩的權利,小孩在未成年前必須遵守。這或許是因為人人都認為小孩在父母或監護人的照顧下成長,應該聽從父母的意見,也可能是因為未成年人在社會上的影響力不大,沒有人願意為他們爭取權利。

五、校園內之言論自由權

未成年學生在校園內是否有言論自由權,一直備受爭議,而聯邦最高法院在不同年代有不同的立場。

（一）早期判決

聯邦最高法院很早就主張學生在學校應有言論自由權,特別是公立學校應讓學生早一點學習民主社會中如何容忍不同的意見。

依據聯邦最高法院早期的判決,學校應依憲法言論自由權及教育的需要,給予學生自由發言的權利,除非學生的言論影響學校秩序,否

---

[3] *Plyer v. Doe*, 457 U.S. 202, 102 S. Ct. 2382, 72 L. Ed. 2d 786 (1982).

則學校不得加以限制。例如聯邦最高法院在1969年*Tinker v. Des Moines Independent Community School District*[4]案，判決學生有言論自由權，即使他們所發表的言論或採取的象徵行動造成爭議（如身戴黑色手臂章抗議越戰）。聯邦最高法院把學校形容成「交換意見的場所」（marketplace of ideas），學生在教室內及教室外均有言論自由權，除非州政府能證明言論對學習造成「極大干擾」（substantial disruption）或影響別人的權利，否則不應禁止。

（二）現代趨勢

　　近年來，聯邦最高法院在這方面的判決有所轉向。聯邦最高法院在判決中已逐漸主張，大專學校才是「交換意見的場所」，中小學則可對言論自由有所限制。大體而言，聯邦最高法院認為：(1)學校對學生言論的內容及方式有權審核，(2)學校應強調價值觀，以便學生將來能參與成人的民主社會，(3)學校的利益及教育的目的應得到更大的支持，及(4)取消*Tinker*案件所設立的標準，只要州政府能證明其立法與政府的目的有「合理的關係」即可。

　　1986年*Bethel School District No. 403 v. Fraser*[5]案，聯邦最高法院判決學校處罰在校內選舉會議上，使用性意味言語演講的學生停學不構成違憲。該判決顯然認為學校有權限制學生在校內的言論，亦可因學生言論的內容加以處罰。

　　1988年*Hazelwood School District v. Kuhlmeier*[6]案，聯邦最高法院判決公立學校校長不准學校報紙報導未成年學生懷孕，以及學生家長離婚的文章不構成違憲。*Hazelwood*巧妙地將*Tinker*案件中的言論，界定為學生自己的意見，而*Hazelwood*一案中的學校報紙，則算是學校資助的一種活動，因此學校有較大的權限管制它的內容。在*Hazelwood*案後，幾乎所有的學

----

[4]　*Tinker v. Des Moines Independent Community School District,* 393 U.S. 503, 89 S. Ct. 733, 21 L. Ed. 2443 (1969).

[5]　*Bethel School District No. 403 v. Fraser,* 478 U.S. 675, 106 S. Ct. 3159, 92 L. Ed. 2d 549 (1986).

[6]　*Hazelwood School District v. Kuhlmeier,* 481 U.S. 260, 108 S. Ct. 562, 98 L. Ed. 2d 592 (1988).

校都可對學生在學校資助的活動中所發表的言論加以管制，只要學校能證明其管制有合理的目的。2007年聯邦最高法院更在*Morse v. Frederick*[7]案判決，學校既有阻止學生吸毒的任務，就有權利阻止學生展示任何有關宣傳毒品的旗子，這並未違背學生的自由言論權。

六、接受資訊之權利

州政府及學校系統對學校教職員的資格有廣泛的自由裁量權，但對學生在學校應該得到何種資訊的裁量權，則狹窄很多。基於憲法的言論自由權，學校不可以剝奪學生知的權利，但學生亦不可強迫學校購買特定書籍，因為只有學校行政人員及董事會有動用學校經費的權利。

七、公立學校之祈禱及信仰自由

（一）宗教條款

美國憲法增修條文第1條中的宗教自由包含兩個條款。一個是「自由行使條款」（free exercise clause），它保障個人（包括小孩）有權選擇自己的宗教，不受政府干預，而且所有的宗教信仰包括無神論一律平等。另一個是「建立條款」（establishment clause），它禁止政府制定官方宗教，或脅迫、鼓勵人們相信某一種宗教。由於這兩個條款彼此有所矛盾，法院有時很難認定法律究竟是在保護人民的自由行使權，還是已超過憲法允許的範疇，而違背了建立條款。

聯邦最高法院經常使用它在1971年*Lemon v. Kurtzman*[8]案中建立的標準，那就是如果法律有(1)世俗的目的；(2)主要的效果既不鼓勵亦不禁止宗教，以及(3)它不會造成政府與宗教之間有糾葛，就不牴觸建立條款，亦即合憲。在公立學校中，由於學校具有教育任務，而學生的成熟度又不夠，宗教自由問題往往特別敏感。

---

[7]　*Morse v. Frederick*, 127 S. Ct. 2618 (2007).

[8]　*Lemon v. Kurtzman*, 403 U.S. 622, 91 S. Ct. 2105, 20 L. Ed. 2d 745 (1971).

（二）祈禱及《平等機會法》

聯邦最高法院在很多判決中主張在學校活動中祈禱，不管是不是由老師主持，或是在什麼場合進行（例如畢業典禮），均牴觸宗教自由，但學生個人的祈禱則一直被允許。至於學生可不可以組織學生社團一起禱告及聚會，依據上述*Hazlewood*案件，學校的社團及組織被視為學校資助之活動，因此學生不能在學校集體禱告及聚會。

針對以上問題，國會1984年通過《平等機會法》（The Equal Access Act）[9]，重新訂立上述*Lemon*案的測驗標準。它允許公立中學至少可設立一個學生社團，在非上課時間進行任何宗教的、政治的、哲學的或其他性質的活動，並設立平等機會標準，規定只要學生聚會是自願的，未得到學校及政府的資助，亦沒有校方教職員參與，即不構成違法。

八、達爾文學說

學校雖有決定學校課程的權利，但不可因宗教目的教授某些課程，亦不可禁止教授與宗教信仰衝突的題材，例如「達爾文學說」（the Darwinian Debate）。而基督教團體所撰寫的中學課本因其中提及上帝創造宇宙，被認為違反了信仰中立立場，不能被採用。

九、校園內之身體完整權

美國所有州法都禁止公立學校體罰，但聯邦最高法院在1977年*Ingraham v. Wright*[10]判決重申普通法的原則，主張老師及學校行政人員有權使用他們認為合理的力氣，「控制、訓練或教育」學生。聯邦最高法院也認為合理的體罰不須事前通知或召開公聽會，它並不違反法律正當程序，而憲法增修條文第8條中的「殘酷及非尋常的處罰」，只適用在刑法上，並不適用於對學生的體罰。

---

[9] The Equal Access Act, US. Code Title 20, § 4071 (1984).

[10] *Ingraham v. Wright*, 430 U.S. 651, 97 S. Ct. 1401, 51 L. Ed. 2d 711 (1977).

十、校園內之隱私權

為防止校園暴力及學生吸毒,聯邦最高法院把憲法增修條文第4條「任何人有免於被搜索及沒收的隱私權」,作了相當大的調整。在公立學校校園內,只要符合「特別目的之例外」(special purposes exception),學校即可以進行搜索及扣押。聯邦最高法院在1985年的*New Jersey v. T.L.O*[11]一案中,針對搜索是否合理建立了一個測試標準:(1)只要學校合理地懷疑學生已違背,或正在違背法律或學校當局的規定,即可進行搜索,(2)搜索的範圍必須與搜索目的相關,並且對學生不致造成太大傷害。

之後,聯邦最高法院在*Vernonia School District v. Acton*[12]案判決更進一步主張,只要搜索是合理的並可以解決問題,政府可代替學校展開搜索行動。法院對於用狗來嗅查學生是否有帶毒品意見紛歧,但大部分法院主張檢查學生的櫃子是合憲的,因為櫃子既屬學校財產,學生對於櫃子的隱私權通常期待不高。聯邦與州政府又連續立法禁止青少年不可接近槍械。1990年國會通過《校園無槍械法》(Gun-Free School Zones Act)[13],規定任何人只要帶槍械進入校園就觸犯聯邦刑罪。1995年聯邦最高法院在*United States v. Lopez*[14]案裁決,帶槍械進入校園非跨州的商業行為,《校園無槍械法》超過聯邦政府的權限,但各州也紛紛通過立法,禁止任何人帶槍械進入校園。

第三節　醫療決定權

在法律上,父母親或監護人有義務提供子女醫療照顧,未盡此義務之人即構成疏忽。除非緊急狀況,醫生在對未成年人進行診治前須經父母同意,但父母在作決定時應以「子女之最佳利益」為考量。換言之,父母是

---

[11] *New Jersey v. T.L.O.*, 460 U.S. 325, 105 S. Ct. 733, 83 L. Ed. 2d 720 (1985).

[12] *Vernonia School District v. Acton*, 515 U.S. 646, 115 S. Ct. 2386, 132 L. Ed. 2d 564 (1995).

[13] Gun-Free School Zones Act, 18 U.S.C. § 922 (2000).

[14] *United States v. Lopez*, 514 U. 549 (1995).

站在未成年子女的立場，代他們執行決定權。

一、強制性治療

　　一般而言，除非未成年人可證明其心智、判斷力、理解力均已成熟，否則沒有人能否決父母親的決定。正因如此，每當父母與子女意見不同時，醫生及法院通常會採取父母的決定。另外，基於父母有監護及照顧子女的基本人權，父母的決定一向高於子女的決定。因此，未成年人對醫療的同意權，基本上只是被告知的權利，而非否決權。很多心理、醫療、法律方面的學者及兒童權利的擁護者批評，醫院及法院的決策侵犯了未成年子女的法律正當程序。

　　在一般情況下，父母有權拒絕讓子女接受治療，但如碰到有生命危險的緊急狀況時，政府則有權不顧父母的反對，強制小孩接受治療。法院在處理強制治療案件時，通常傾向於政府有強制治療權，但也會考量個案中治療的益處及可能帶來的風險、家長的宗教信仰，以及未成年人自己的看法後，再作決定。

二、未成年子女對醫療之決定權

　　在普通法時代，未成年人缺乏行為能力，不能自己決定接受某種治療，但經由立法及法院判決，近年來未成年人的決定權已逐漸擴充。

（一）特殊狀況法令

　　「特殊狀況法令」（special condition statutes）授權未成年人屆滿一定年齡（通常是十五歲、十六歲或十七歲）後，即有權要求醫生進行產檢，並治療性病、酒精中毒或毒癮。此法的目的是要保障社會大眾的健康，讓未成年人在不必控告父母的情況下接受治療。

（二）成熟之未成年人理論

　　「成熟之未成年人理論」（The Mature Minor Doctrine）讓一些成熟的未成年人，可自行決定醫療事宜。有些州規定滿十七歲的人，雖然不能像

成年人一樣做其他事，但可就自己的醫療事物作決定，而法官在判決時，亦經常引用該理論。未成年人是否成熟，主要是看他是否有能力了解治療的功能、程序、結果及風險。

　　法官在考量未成年人是否成熟的同時，也會考慮治療的重要性（它是否影響一個人的生死，或與生育有關），以及緊迫性（是否可以等到成年後再作治療）。在不緊急的狀況下，只要未成年人了解治療程序、風險及益處，醫生的民事侵權責任即可免除。但這種情形很少發生，因為未成年人的狀況若不緊急，通常都會等到其父母或監護人同意，再進行治療。因此，只有在治療緊急時，未成年人的自立及自決權才顯得重要。例如當小孩在面對有生命危險的手術時，與醫生或父母的意見不合，法官的判決自然關係重大。法官在面對這類案件時，不僅要評估未成年人的成熟度，也要考慮政府身為國家家長，有維護未成年人生命及健康的義務，更要尊重父母有為子女作決定的基本人權。

第四節　少年司法制度

　　美國聯邦法院、州法院、社會福利機構及矯正部門在處理少年犯罪事件上，歷經三個歷史階段，而每一個階段的發展，都對少年司法制度留下不可磨滅的影響。

一、少年司法制度之概要

　　第一個階段（自19世紀下半葉開始），社會改革者把「少年犯罪事件」（juvenile delinquency），與成年人之司法制度分開，創立特別的少年法庭。少年法庭不但免除了一些一般法院的形式，並強調復健。當時輿論認為少年犯並非不可原諒的罪犯，只要環境改善，少年的不良行為即可獲得矯正。

　　第二個階段（1960年代開始），法律界認為在處理少年犯的程序上，至少有兩方面應該刑事化。第一，聯邦最高法院認為處理少年犯的程序

屬於半刑事性質，一般刑事庭上使用的法律正當程序，應在少年法庭被使用；第二，除復健目標外，各州的少年司法制度應該強調少年的「責任性」（accountability），也就是說少年所應承擔的責任雖較成年人低，但仍須為其行為負責。

第三個階段（1980年代後），制定政策者及立法者強調，要以傳統的懲罰理論處置罪行重大與有慣性的少年犯，以維護社會治安及懲戒累犯。雖然復健的目標並未完全被取消，但愈來愈多的少年犯在一般成人的法庭上接受審判，並且被處以較長的刑期。

二、現行少年司法制度

近年來，立法者及公共政策制定者特別關注重大的少年犯罪事件，而他們所強調的懲戒方式，顯然已大幅度地調整原先的復健目標，並降低了少年犯的免責權。目前的政策主張：(1)將少年犯以一般刑犯審理；(2)少年犯應被處以較長時間及確定的刑期，以及(3)政府應較全面地監控及介入少年犯罪事件。

（一）將少年犯以一般成年犯審理

近年來，美國各州紛紛立法降低少年法庭的年齡限制，而愈來愈多少年犯因州政府通過「法律棄權」（legislative waiver）與「司法轉移」（judicial transfer）等規定，必須在成人法庭接受審判。法律棄權是指政府有權將犯下重罪、暴行或參與犯罪組織之少年犯，以處置成人犯的方式及罪行進行審判。司法轉移則允許法院在一些特殊因素發生時，將少年犯轉到一般成人法院審理。

（二）較嚴格的刑期

較嚴格的刑期包括對某些罪行處以強制性的監禁、降低司法自由裁量權、將少年犯關在成人監獄、或延伸少年法庭管轄權，讓一些較年長的少年犯可被監禁較長時間。有關少年犯是否可處以死刑的問題，聯邦最高法

院曾經審理過兩個案件。聯邦最高法院在1988年的*Thomson v. Oklahoma*[15]案，判決奧克拉荷馬州將年僅十五歲的少年犯處以死刑是違憲的，但在1989年的*Stanford v. Kentucky*[16]案，聯邦最高法院判決肯塔基州將十六歲的少年犯處以死刑並不構成違憲。

美國一直到2000年，對未成年人執行死刑仍在繼續，尤其是德州，當年有四名犯罪時不滿十八歲的被告人被執行死刑。該年度在美國保留死刑的各州中，只有十三個州將適用死刑的年齡底線規定為十八歲，有四個州將年齡底線規定為十七歲，十二個州規定為十六歲，還有七個州沒有具體規定死刑的年齡限制。之後情況有所變化，2002年印第安那州把死刑犯的年齡從十六提高到十八歲，2003年密蘇里州最高法院宣佈對未成年人執行死刑違反憲法，因此使該州成為美國第十七個禁止對未成年人適用死刑的州。肯塔基州州長巴頓（Paul Patton）也於2003年把在1989年被判死刑的斯坦福（Kevin Stanford）改為不得假釋的終身監禁，並說死刑對於未成年人是不必要的。2003年只有一個未成年人在俄克拉荷馬州被執行死刑。據美國「司法院統計局」(Bureau of Justice Statistics)資料顯示，在1990年至2003年間，美國共處決十九名少年犯，超過世界所有其他國家的總和[17]。

2004年10月份，最高法院就*Roper v. Simmons*[18]案舉行聽證會，以決定對犯罪時不滿十八歲的未成年人適用死刑是否構成「殘酷及非尋常的懲罰」。該案在法庭辯論中，支持處決未成年人者表示，死刑是否適用於未成年人，應由立法機構而非法院決定，也應視美國的具體情況而定，不該受到世界輿論的影響。反對者則主張，有科學依據顯示未成年人在推理、判斷及控制衝動方面都有缺陷，因此不應該擔負與成年人一樣的責任。被告西蒙斯（Christopher Simmons）的辯護律師指出，該案與2002年*Atkins v. Virginia*[19]案（該案法官禁止對智障者處以死刑）有相似性，根據醫學研

- - - - - - - - - - - - -

[15] *Thomson v. Oklahoma*, 487 U.S. 815, 108 S. Ct. 2687, 101 L. Ed. 2d 702 (1988).

[16] *Stanford v. Kentucky*, 492 U.S. 361, 109 S. Ct. 2969, 106 L. Ed. 2d 306 (1989).

[17] "Capital Punishment 2003" published by the Bureau of Justice Statistics.

[18] *Roper v. Simmons*, 543 U.S. 551 (2005).

[19] *Atkins v. Virginia*, 536 U.S. 304 (2002).

究，未成年人與成年人的神智發育明顯不同，因此應降低他們在死刑案件中的應受責難性。美國醫學會、美國心理學會、未成年人法律中心、保護未成年人基金會、美國法律協會、包括前總統卡特（Jimmy Carter）在內的諾貝爾和平獎獲得者組成的團體也向法院提交廢除未成年人死刑的法律意見書，其中引用了大量的神經科學和行為學研究成果。這些研究成果表明阻止人們作出輕率、衝動決定的前額葉是大腦最後一塊發育的區域，其發育一直要持續到二十五歲左右才成熟。

2005年3月1日，美國最高法院終於以五票贊成四票反對的微弱多數通過決議，宣佈對未成年人執行死刑過於殘忍，違反憲法增修條文第8條，應予以廢止。該案結果一出，美國立即有七十二名面臨死刑的未成年殺人犯得以逃脫死刑。

（三）全面的干預結構

有些州採用由法院、社工機構、警察局及教育部門共同擬訂之全面性計畫，處置罪行重大之累犯，希望能同時達到復健及懲罰兩個目的。這些計畫包括較長的監禁時間，或在家庭內部禁足一段時間後進行追蹤及諮商，或以一套多元系統監控少年犯的行徑。

三、對少年司法制度之批評

不少美國法律學者對目前少年犯的處理方式感到不滿，要求政府重新考量。然而，美國少年犯案情況日愈嚴重，輿論認為以復健為目標的少年司法制度，無法降低少年犯罪率，為維護社會治安及自身子女在學校的安全，一般人大力主張，凡是犯下重案的少年犯應一律以成年犯處理之。從目前美國輿論及民情來看，美國的少年司法制度在短時間內難有重大突破。

四、父母責任條款

父母親管教不當及家庭功能失調，一直被視為少年犯罪的主要原因。

美國有些州制定父母親責任法規，對於疏於管教造成少年犯的父母處以民事及刑事（輕罪）懲罰，希望能藉此鼓勵父母管教子女，並希望父母能接受諮商或參加父母成長課程（這通常成為撤銷罪名、取消罰款，或暫時中止刑期的條件），改善家庭功能。然而這些規定也往往造成家庭內部的矛盾與利益衝突，例如有時為使父母親脫罪，少年不得不承認自己的罪行。

第十四章
虐待、疏於照顧及兒童福利制度

在美國，當兒童被父母或監護人虐待或疏於照顧時，政府將積極介入，以保護兒童的人身安全及健康。本章將介紹虐待及疏於照顧的涵意、處理這類案件的特殊法庭、兒童福利制度、以及暫時安置小孩與終止父母親權利之相關法令。

這個領域的法律制度主要考量在於：(1)檢舉、調查及證明虐待及疏於照顧事實之存在，(2)評估將小孩從家庭移開的優點及缺點，以及未來應讓家庭重整，或應終止父母的權利，(3)理解目前各州兒童福利機構所遭遇的困難，以及(4)各州的兒童福利政策在配合聯邦標準及國家政策的因應之道。

第一節　虐待及疏於照顧

國會所制定的《兒童虐待治療及檢舉法》（The Child Abuse Treatment and Reporting Act）[1]訂立了州政府在小孩受虐待，或被疏於照顧的案件上，進行告發、調查、介入及保持紀錄的標準，並設置了防止及治療小孩被虐待，或被疏於照顧的全國組織與其發展方向。

兒童福利制度一向屬於州政府的工作，各州也一向有自己的兒童福利機構，但近年來聯邦政府透過立法，規定州政府在制定相關立法與管理兒童福利機構時，必須符合聯邦政府的標準，才能取得經費補助。另外，依據《兒童虐待治療及檢舉法》，個人亦有權向加害人提出「私人告訴」（private right of action），並要求法院強制執行。

----

[1]　Child Abuse Treatment and Reporting Act, 42 U.S.C. §§ 5101-5107.

一、虐待及疏於照顧案如何開始

　　大部分虐待及疏於照顧案都是由被虐小孩的親戚、朋友或鄰居打電話（往往以匿名方式），給政府相關單位開始。這些電話在轉給兒童保護調查員後，如經發現有充分證據，政府就將進一步介入。以下是之後幾種可能的發展：

　　1.家庭自動同意社工人員定期造訪，接受心理諮商治療，或把小孩暫時安置於寄養家庭。

　　2.在緊急狀況下，兒童福利機構可以立即地，但臨時地，將小孩移至寄養家庭，但兒童福利機構在之後必須及時地提出正式申請。

　　3.其他較不緊急的案件，則由兒童福利機構依正常程序提出申請，然後由家事法庭開庭裁決。

　　虐待及疏於照顧可能同時構成侵權行為及觸犯刑法，這時家事法庭及刑庭共同擁有管轄權。州政府一方面須與兒童福利工作者密切合作，另一方面則須與警察及檢察官合作。有些州小孩遭虐待的熱線電話會先由警局接聽，有些州會有警察或檢察官陪伴兒童保護調查員前往查案。

二、虐待

（一）定義及罰責

　　「虐待」（child abuse）是指父母或照料者傷害小孩，或讓他被人傷害，或讓小孩感受到他即將受到傷害。至於什麼樣的行為或結果構成虐待，每一個州有不同的規定。兒童福利立法禁止性虐待，但未對性虐待加以定義，所以各州可以依其刑法條文處理性虐待，但有時對未成年小孩採取不當的性觸摸，即使不構成刑罪，卻已構成虐待。

　　一般而言，施虐者應同時接受刑法及兒童福利法的處罰。在刑事案件上，施虐者如同其他嫌犯一樣，可得到憲法上對被告的一切保障，必須經過「毫無合理的懷疑」審判標準，被證明有罪，才將受罰。兒童福利程序則為民事程序，施虐者只要在家事法庭經「占優勢的證據」審判標準，

證明他確實曾經施虐，民事責任即可確定。家事法庭對施虐者的處罰並不比刑庭輕，法官一旦判決將小孩送至「寄養家庭」（foster home），父母的權利即可能立即終止，另一種處罰是將施虐者的名字公布於州政府註冊處，成為公開資料。

由於虐待的定義包括讓小孩處於危險的狀況，所以只要有監護權的母親在遭遇家庭暴力時，未及時保護小孩或讓小孩離開，自己即可能成為施虐者。這樣的法律有時逼使女人必須在伴侶及小孩兩者中作選擇，直接影響到女人的生計問題。

（二）父母體罰的權利

在普通法時代，父母對子女有「父母管教的特權」（parental privilege to discipline），聯邦最高法院也主張父母有憲法保障的權利管教子女，只要對子女的體罰不太過分，而且目的是為教導小孩，即不算虐待。每一個州在這方面的規定不一，例如加州明文規定打手或打屁股是被允許的，《侵權行為法第二編》（Restatement (Second) of Torts）強調體罰的合理性，它指出：「只要家長認為可以達到管教、訓練或教育小孩的目的，有權採用適當、合理的體罰。」

（三）精神虐待

精神虐待是指小孩雖未受到身體直接的暴力，但因長期遭言語辱罵或生活匱乏，或目睹父母親暴力相向，造成精神傷害，或隨時處於將被傷害的威脅中。精神虐待往往缺乏證據，難以證明，但它卻是造成小孩離家出走，少年犯罪與自殺的重要原因。因此，有些州法將它列為虐待的一種。

（四）性侵害

家庭成員的性侵害也是一種虐待。事實上美國絕大多數的性侵害發生在家庭內部，只是它如同精神虐待一樣，缺乏身體上的證據，小孩有時又會編造，難以證明是否真的發生。性侵害有時發生在監護權程序中，一旦證明屬實，不僅影響監護權歸屬，還會讓探視權有時也有附帶條件。

另外，很多州法規定虐待包括未及時阻止虐待發生，因此有些州法院

對於未保護子女不受父親性侵害的母親也會處罰。

（五）舉證問題

1.症候群證據

「症候群」（syndrome）是指一種特定的人（例如被虐待的小孩或被虐待的妻子）之特質、行為模式。愈來愈多對症候群有研究的專家，可在法庭上作證，幫助法官或陪審員了解被告或證人之行為。症候群是否被法官接受，須視該症候群是否有科學的有效性，以及分析方法是否合宜。

「受虐兒童症候群」（battered child syndrome）只可能有一個來源，就是小孩被虐，所以不論是刑事庭或民事庭法官都願意採用，特別是它可用來駁斥被告指稱小孩的傷是意外造成的。至於「兒童性虐待症候群」（child sexual abuse accommodation syndrome）有時會與其他心理及情緒混雜，所以只能用在一些特定的用途上，例如被害人的可信度被懷疑時，可用該症候群說明被害人的行為與其遭受的虐待有關。

當然，以症候群為證據一直引人爭議，有人認為它缺乏大量的樣本、測試及統計資料，但它對家庭暴力及疏於照顧案件確實特別有用，因為這一類事件發生時通常沒有第三者在場，而且受暴者的確可能表現出一些特別的行為模式。

2.兒童證詞的對質

被告在刑事庭上有「質問證人的權利」（right of confrontation），但為避免小孩在庭上作證時害怕，不敢講真話，法院有以下替代方法：

(1)錄影

聯邦最高法院在1990年的 *Maryland v. Craig* [2]案判決，面對面的溝通並非憲法增修條文第6條質問證人的必要條件。只要能維持開庭時的對抗性並保留質疑對方的本質，當法院認為小孩身體及心理狀態不合適與被告當面對質時，即可讓受虐兒童透過「封閉型錄影」（closed-circuit video）方

---

[2]　*Maryland v. Craig*, 496 U.S. 836, 110 S. Ct. 3157, 111 L.Ed. 2d 266 (1990).

式，在法庭外另一個房間作證。

(2)傳聞之例外

另一種避免小孩直接面對「交互詰問」的方法，是讓其他證人出庭作證，說出被虐小孩在庭外所言。由於說話的人無法在庭上被對方反詰，「傳聞」（hearsay）一向不被採信，但一個人在極端「興奮或緊張精神狀態」（excitement utterances）下所說出的話，或接受醫生檢查時所說的話，通常構成傳聞原則之例外情況。有些州引用這個原理，通過「孩提時期傳聞例外法」（tender years hearsay exception statutes），規定十歲以下的小孩在庭外描述自己受傷，或遭性虐待的事實經過，可在法庭上被引用為證據，而法院必須在另外一個聽證會上，決定小孩的證詞是否可靠。

在民事案件中，州政府可以針對小孩受虐案，通過特別的證據法則。

三、疏於照顧

「疏於照顧」（neglect）案與虐待案一樣，可以同時是刑事案與民事的家事法庭案件，但一般均由家事法庭審理。

（一）定義

「疏於照顧」是指父母未提供充分食物、衣服或居住環境，使小孩在身體上、精神上或情緒上受到傷害，或處於被傷害的威脅中。雖然各州在定義疏於照顧所引用的文字均有些抽象或不夠明確，例如未達「最低程度的照顧」（minimum degree of care），或缺乏「恰當的家長照顧」（proper parental care），但聯邦最高法院對這些定義從未予以挑戰，因此要構成疏於照顧並不困難。

有些州只要發現父母使用大量毒品，或經常喝醉酒，即構成疏於照顧，這時除非父母同意定期參加戒酒或戒毒集會，否則政府即可採取進一步行動。

父母未及時送小孩看醫生亦可能構成疏於照顧，法院有權命令父母立即送小孩就醫。有些州比較尊重家長的宗教信仰，不勉強他們送小孩去一

般醫院，而讓小孩接受合格的治療師進行精神療法，但如證明治療無效，法院仍有權命令家長將小孩送醫。

（二）疏於照顧與階級、文化的關係

疏於照顧的法律常因各社區的文化、價值觀及階級屬性不同，而成為敏感議題，尤其窮人資源、收入較少，又常依賴社會福利制度，如果加上家庭成員常常改變，往往讓外界質疑他們對小孩的照顧不夠好。政府雖然了解不同階級之間的差異，卻不願意改變法律。從好的一面來看，嚴格的法律可以確保小孩得到較妥善的照顧，亦可將無法受到妥善照顧的小孩，依法轉移至較合適的環境。但從負面來看，把小孩從自己的家中帶到寄養家庭，不但可能造成小孩心靈上更大的創傷，父母的自尊心也會遭受打擊。

由於以上缺點，改革家及一些立法者建議，政府應該在發現小孩遭遇嚴重傷害或威脅時，才將小孩從家中移開，目前有少數的州採用該方式。1980年代後，很多州逐漸發展出一種「最少的介入」（minimal intervention）政策，希望儘量讓小孩留在自己家中，並由政府提供小孩家庭的需求，改善小孩的狀況。

第二節　兒童福利程序

由於兒童福利案件有以上特性，美國法院在處理兒童福利問題時，採用的程序與一般訴訟程序略有不同。

一、強制性通報員

在美國，除一般人可打電話舉發小孩被虐待或被疏於照顧外，所有州都規定一批經過訓練的專業人員，通常稱為「強制通報員」（mandated reporters），必須主動報告所有可疑的虐兒案件，如他應報而未報即構成「輕罪」（misdemeanor）。

通報員的身分在各州有不一樣的規定，通常包括老師、學校行政人

員、與小孩接觸過的醫生及精神科醫生。這種要求醫生及醫療專業人員
通報的制度，與一般醫生應對病人狀況及陳述保守秘密的職業道德有所違
背，但州政府為鼓勵這些人通報，特別立法給予他們免責權。

二、家事法庭程序

家事法庭因處理兒福案件有其特殊性，與一般民事庭有所不同。以下
是家事法庭在處理兒童福利案件時的幾個特性：

（一）聽證會結構

兒童福利案件通常由州政府兒童福利機構向家事法庭提出申請，由
家事法庭召開聽證會。聽證會通常分成兩個部分：「司法的」（adjudi-
catory）及「處置的」（dispositional）。司法的部分是在決定父母的責
任，法官依據事實決定小孩是否被虐待或被疏於照顧。如果發現小孩確實
被虐待或疏於照顧，法院就會進一步召開處置程序，以小孩的需求及其最
佳利益決定將提供的服務內容及項目，並決定是否要改變小孩的居住地點
及／或監護權。由於後者是屬於福利性質，法院主要的目的是在評估家庭
目前的及未來的功能。

（二）彈性實質法

兒童福利程序之實質法通常比較有彈性，往往可以採用很多心理學
及精神科概念，亦可融入社區的道德及價值觀。而中產階級教養兒女的方
式，更深深影響家事法庭及少年法庭，法官一直相信小孩在較好的環境下
長大，將成為較好的公民。

（三）程序的非正式化

家事法庭的開庭程序及進行方式不像一般法庭那麼正式，只有少數案
件會有雙方對質的場面。如果疏於照顧僅限於很小的不當行為（例如屋子
太髒亂），法院通常會採協商方式解決。

（四）法律代理

各州對於是否應委任律師代表父母出庭有不同的規定，但小孩通常必須有代理人。有些州委任律師，有些州委任「監護代理人」（guardian ad litem）（不必是律師，但通常由律師擔任），有些州要求法院委任未受法律訓練的「法院委任特別維護者」（court appointed special advocates），有些州則要求必須有兩者或以上的人代表小孩。

（五）小孩自己的意願

雖然小孩是兒童福利程序的主角，但他們卻很少有機會在法庭上表示意見。小孩的意見通常由律師、監護代理人代為轉達，他們在庭外的證詞，經由特殊證據法在法庭中被引用，即使出庭作證，亦大多透過封閉的攝影機，由法官在他的辦公室向小孩問話。採取這些隱密的方式，是為避免小孩遭受更大的心靈創傷，但這也造成小孩無法直接說出他們所經歷的，以及他們真正想要的解決方案。

（六）處置選擇

如果法院發現虐待及／或疏於照顧確實發生，應先選擇將小孩留在家中，由政府提供防範措施，例如要求社工人員、輔導員前往輔導，並直接給予經濟援助。如不可行，政府應將小孩安排在近親家中由近親代為照顧，並視需要加以補助。如果沒有合適的親戚可代為照顧，政府只得將小孩放在寄養家庭。在小孩從家中被移開後，父母親通常有探視的權利，但如政府發現父母親的探視將對小孩產生傷害，可指定第三者隨同探視。

第三節　兒童福利案件的監督

在每一個兒童福利案件展開後，兒童福利機構應盡全力與小孩及其家庭合作，並提供必要的服務及協助。家事法庭會針對每一個案件作定期審核，兒福機構可延長暫時安置小孩的時間，亦可隨時決定將小孩交還給其父母。

一般而言，兒福機構希望讓小孩得到較妥善的照顧，並能早日與家庭團聚。一旦兒福機構發現家庭不可能重組，則可終止父母親的權利，並安排小孩進入另一個家庭（例如被收養）。當然，這個制度聽起來面面俱到，但實踐起來卻並非完美無缺。

一、對小孩造成傷害之責任

當兒福機構在安置小孩時犯下錯誤，對小孩造成傷害，是否應該負責這個問題，答案在於錯誤發生時，該小孩是否已在兒福機構之監護及控制下。聯邦最高法院在1989年*DeShaney v. Winnebago County Department of Social Services*[3]案判決，法律正當程序只保障個人免受政府的傷害，而不保障個人免受其他私人的傷害。因此，當小孩住在家中遭到父母親傷害，兒福機構不必負責，但住在寄養家庭的小孩，如果受到寄養父母的傷害，政府就必須負責，因為兒福機構與有執照的寄養家庭之間有一層特殊關係。

二、寄養照顧之困境

兒童福利程序另一個常碰到的問題，是當小孩多次進出寄養家庭，會產生不安定及不安全感。這通常發生在有毒癮或酒癮的父母親，在完成戒毒或戒酒課程後，又繼續吸毒或嗜酒，或當有暴力傾向的父母親在接受解除暴力訓練之後又再次施暴，這使剛回到家中的小孩，不得不再次被安置到寄養家庭，造成小孩在寄養家庭及自己家庭兩邊奔波，無所適從。

由於以上這些問題層出不窮，1980年代開始，聯邦政府要求凡是接受聯邦補助的各州兒福機構，必須盡量減少小孩待在寄養家庭的時間與其出入的次數。

----

[3] *Deshaney v. Winnebago County Department of Social Services*, 489 U.S. 189, 109 S. Ct. 998, 103 L.Ed. 2d 249 (1989).

三、《收養協助及兒童福利法》

為解決寄養造成兒童不確定感，國會在1980年通過《收養協助及兒童福利法》（The Adoption Assistance and Child Welfare Act of 1980）[4]，重組接受聯邦補助的各州兒童福利計畫，同時擴大對防治措施及寄養照顧的補助。依據該法，政府必須對每一個小孩有永久性的計畫；小孩應盡量留在自己家中，只有在家庭重組完全不可行時，才可將其安置在寄養家庭。另外，政府應盡「合理的努力」（reasonable efforts），盡量避免暫時安置，一旦發現不可能讓小孩回家，就必須及時地完成小孩永久性之安置。

儘管《收養協助及兒童福利法》強調家庭重組，1990年代中葉，住在寄養家庭中的小孩卻愈來愈多，而媒體亦對寄養制度所產生的各項問題，包括很多小孩被寄養家長傷害，大肆報導。國會終於通過一個新的法案，取代原來的《收養協助及兒童福利法》。

四、《收養及安全家庭法》

1997年國會通過《收養及安全家庭法》（The Adoption and Safe Families Act of 1997）[5]，一改以往強調重組家庭的立場，而以小孩能正式被收養為目標。

（一）重新定義合理的努力

《收養及安全家庭法》對《收養協助及兒童福利法》中的「合理的努力」作了大幅度的調整，小孩的健康及安全成為最大的考量。依據該法，如果父母親(1)讓小孩陷入危險狀況（例如遺棄、傷害、長時間虐待或性侵害），或(2)曾謀殺或教唆別人殺害家中任何小孩，或(3)嚴重傷害小孩或其他小孩，或(4)與小孩的關係被迫終止，兒福機構就無須再努力維繫或重組家庭，兒福機構也可以主動提供服務。但現實上，兒福機構人手、經費

---

[4] Adoption Assistance and Child Welfare Act of 1980, 42 U.S.C. §§ 620 et seq. and 670 et seq.

[5] Adoption and Safe Families Act of 1997, 105 Pub. L. No. 89 (Nov. 19, 1997).

一向不足，若非強制性之要求，兒福機構不可能主動提供任何服務。

　　法院一旦決定兒福機構無需再作「合理的努力」後三十天內，即應召開聽證會，針對小孩永久性之安置作出決定，而兒福機構則須依據法院核可之永久性計畫，及時安置小孩，並完成所有必要手續，包括終止父母親的權利。

（二）申請終止父母權利

　　如果一個小孩在最近二十二個月內，住在寄養家庭達十五個月以上，或父母親行為達到「合理的努力」之例外狀況，兒福機構必須要求終止父母的權利，除非小孩可以由親戚照顧，或終止父母權利對小孩會產生極不利的影響。

　　《收養及安全家庭法》要求兒福機構(1)盡「合理的努力」，一方面找機會讓小孩被正式收養，一方面努力重組小孩的家庭，(2)必須記錄尋找收養，或其他永久性安置的每一個步驟，包括透過州、地區及全國收養交換資料中心取得資料等等，(3)在申請終止父母親權利的同時，要求法院審理收養，或其他永久性安置案件，以及(4)去除跨州或跨國之障礙。該法案又包括「收養獎金」制度，每當州政府完成一個住在寄養家庭的小孩被正式收養的案件，即可取得獎金，如被收養的小孩有生理殘障，州政府還可以得到特殊獎金。

　　很多學者及政策分析家批評，《收養及安全家庭法》根本不能解決問題，他們認為貧窮及家庭功能不佳，才是虐待及疏於照顧的主要原因，如果政府不改善美國下層階級的生活，只靠監督兒福機構（通常經費不足，組織架構又不健全），或發放收養獎金，不可能解決根本問題。同時，終止父母權的案件日愈增加，但願意收養小孩的人並未增加，導致留在寄養家庭的小孩反而增加。他們因此建議，政府應增加預防性服務的經費，平時作好宣導家庭功能的工作，加強對父母親諮商輔導，並設法降低小孩離家的比例。

第四節　父母權利的非自願終止

終止父母的權利是政府把父母與子女的關係完全分割，它不但可終結父母對子女的監護、照顧、控制、探視權，也結束子女對父母財產的繼承權。終結父母權利是政府以國家家長的身分，對憲法賦予父母養育子女的權利進行最嚴重的干預。

為要符合憲法的法律正當程序，政府在要求終止父母權利時，必須以清楚且具說服力的事實，證明政府已提供父母親公平的程序。聯邦最高法院曾在判決中要求，州政府必須為請不起律師的父母親聘請義務律師，當經濟狀況不佳的父母要上訴時，上訴法院應免其訴訟費用。各州法院在審理終結父母親權利案件時，可以引用本州的實質法，聯邦最高法院從未干預過任何一州所引用的實質法。

一、終結程序

絕大多數的終結案件都是在小孩住進寄養家庭，或親戚家後展開，提出申請者不是兒福機構，就是寄養家長。法院的聽證會通常分成兩個部分，第一部分是事實發現程序，兒福機構必須以清楚及具說服力的證據，證明父母親不適任，有的州甚至要求兒福機構證明，父母親的不適任達到「毫無合理的懷疑」，第二部分是安排性質，法院須根據小孩的利益，決定是否應終止父母親的權利。

二、終結理由

各州對終結父母親權利的理由有不同規定，但都必須先認定父母不適任，父母不適任通常指的是嚴重的、連續的身體虐待，或性虐待、遺棄，或永久性之疏於照顧。

「遺棄」（abandonment）是指(1)父母至少六個月不曾與小孩，或寄養家長，或兒福機構聯絡，而且行蹤不明，或(2)儘管兒福機構努力找尋，父母的身分依然不明。

　　「永久性疏於照顧」（permanent neglect）是指在小孩離開家住進寄養家庭後，父母仍然置之不理。各州對永久性疏於照顧有不同的定義，例如有的州認為如果父母有能力，卻不去探視在兒福機構照顧下的小孩長達一年以上，即構成永久性疏於照顧。有的州根據父母與寄養家庭的互動，以及他們探視小孩時的表現，作為是否達到永久性疏於照顧的標準。如果父母不經常去探視小孩，或探視時對小孩的前途表現得漠不關心，均可能構成永久性疏於照顧。

第十五章
配偶的繼承選擇權

　　美國繼承法如家事法一樣，屬於州法，各州議會自行制定繼承法，各州法院依據所在地的立法及判例審理繼承案件。本章將概要介紹美國繼承法中存活配偶（surviving spouse）對於死亡配偶遺產的幾種選擇，讀者如欲了解某一州的特定法律規定，仍請以該州繼承法法條為準。

　　另外，由於篇幅有限，本章將不討論因配偶選擇權衍生或與其有關之法律問題，例如遺囑執行程序、生前信託、配偶向州法院提出申請繼承之程序，以及配偶選擇權對其他繼承人的影響等等。

第一節　配偶享有更大的繼承權

　　美國配偶之間的遺產繼承權之所以進一步受到保障，主要是因為夫妻在離婚時的財產分配發生變化。隨著兩性平權觀念的普及，婚姻關係被認定為經濟上的合夥關係，美國各州於1970年代先後開始採用「平等分配」原則，處理夫妻在離婚時的財產分配。該轉變對繼承法中配偶之間的遺產權規範產生重大衝擊，1990年代各州紛紛通過修法，讓存活配偶享有更大的繼承權。

　　採行普通法財產制的州雖繼續沿用分別財產制，但法院改採「平等分配」原則，在夫妻離婚時平分其婚姻財產，讓許多為婚姻放棄事業的婦女取得了應有的權益。但該分配制度並不適用於夫妻之間的遺產繼承，造成存活配偶的繼承權，往往不如離婚時所擁有的財產分配權的怪現象。如果死亡配偶不願將其名下的財產留給存活配偶，存活配偶就可能無法取得任何婚姻財產，甚至在配偶死後生活陷入困境。為維護存活配偶對配偶遺產的權益，這些採用普通法財產制的各州先後修改繼承法，讓存活配偶對於

配偶的遺產享有一定的繼承權利。

在採行共同財產制的九個州內，夫妻之任何一方依法只可以在遺囑中自由處置共同財產的一半及其分別財產，但不少配偶在遺囑中遺贈他人超過一半的共同財產，或在生前未經配偶同意即轉移了部分共同財產，這不僅剝奪了存活配偶對共同財產的所有權，也造成遺囑執行上的困難。為解決這些問題，採行共同財產制的各州也先後修改繼承法，保障存活配偶對於共同財產應有的權益。

第二節　各州繼承法中配偶的選擇權

1990年代及21世紀初，美國各州紛紛修法，加強保障存活配偶對死亡配偶遺產的繼承權。美國在這個領域的規範分成以下三大類型：

一、存活配偶得選擇法定比例

（一）遺囑繼承

在採行普通法財產制的州，如果死亡配偶未在遺囑中遺贈任何遺產給存活配偶，被遺漏之配偶可以向法院申請法定比例的遺產，通常是遺產的三分之一。另外，如有存活配偶對遺囑中的分配不滿意，也可以向法院申請放棄遺囑分配，而改採依「法定比例」（statutory share）繼承遺產。有些州法律雖早有此保障，但政府在保護存活配偶的權利上做的並不好，不少配偶為逃避法律的強制分配，在生前就先將財產轉移給他人或放入生前信託，以致於即令法律有規定，存活配偶仍沒有多少遺產可分。

為解決這個問題，大部分州在1990年代以修法方式擴大對存活配偶繼承權的保障。修法後，存活配偶可以選擇放棄遺囑分配，而選擇死亡配偶整個遺產的三分之一。遺產包括放入信託中的財產、保險金、退休金，及死者在死亡前一年內所轉移的財產，這顯然比以往包涵的範圍大很多，而且不論夫妻婚姻存續期間長短，存活配偶是否有其個別財產，死者是否生前曾轉移財產給存活配偶，存活配偶皆可取得死亡配偶整個遺產的三分之

一。這些州修法後，所有立有遺囑之已婚者都必須修改遺囑，留給配偶至少三分之一的遺產，如有人將財產放入生前信託內，亦不得剝奪配偶的法定繼承權。

（二）無遺囑繼承

如死亡配偶未立遺囑，州法院會以「無遺囑繼承」（intestate succession）處理其遺產。如果死亡配偶沒有小孩或父母，遺產將完全由存活配偶繼承，如有小孩，存活配偶可取得一半或三分之一（視小孩人數而定）。有些州規定沒有小孩，但有父母，存活配偶可繼承全部遺產，有些州則規定存活配偶必須與父母分享[1]。

二、《統一繼承法》之「配偶選擇比例」

「全國統一州法委員會」於1969年公布《統一繼承法》（Uniform Probate Code），後經多次修正，1990年更做了大幅度的修訂，從此取代1969年的版本，成為最新的《統一繼承法》[2]。

美國目前有十八個州採納修訂版之《統一繼承法》作為州繼承法的範本，分別為阿拉斯加州、阿諾桑那州、柯羅拉多州、夏威夷州、艾德荷州、緬因州、密西根州、明尼蘇達州、蒙他拿州、那巴斯卡州、新澤西州、新墨西哥州、北達柯達州、賓州、南卡州、南達柯達州、猶他州、及威斯康辛州。其中有四州屬於共同財產制州，其餘皆屬於普通法財產制州[3]。

（一）遺囑繼承

依據《統一繼承法》的規定，存活配偶有權依據婚姻存續期間的長

----

[1] Washburn University School of Law's website, http://www.washlaw.edu/uslaws/statelaw.html.

[2] The National Conference of Commissioners on Uniform State Laws, "A Brief Review of the Uniform Probate Code", http://www.nccusl.org/nccusl.

[3] The National Conference of Commissioners on Uniform State Laws, "A Few Facts about the Uniform Probate Code", http://www.nccusl.org/nccusl.

短，取得死亡配偶「增大之遺產」（augmented estate）的一定比例，稱為「配偶選擇比例」（spousal elective share）。該比例的規範在《統一繼承法典》的第二章，重要條文包括：繼承配偶一旦決定不管遺囑的分配而採用選擇權，可以依據婚姻存續期間的長短，取得「增大之遺產」的一定比例；結婚只要超過一年即可取得3%，每多一年增加3%，十年即可取得30%，十一年到十五年間每一年增加4%，十五年及以上則可取得最高比例之50%。

「增大之遺產」是指被繼承人所有的財產，包括動產、不動產、不在遺囑執行內的遺產、曾經轉移給存活配偶的財產、放在信託中的財產，以及未經遺囑執行轉移給第三人的財產；存活配偶必須在被繼承人死亡後九個月內，或遺囑執行開始後六個月內做選擇。只有配偶本人或其授權之監護人或代理才能向法院提出申請，如果存活配偶沒有行為能力，法院應從遺產中先把選擇的持分放置一旁，並委任信託人，為存活配偶管理財產，供其生活所需；如果該比例所得少於五萬元美金，存活配偶仍可以至少取得五萬美元[4]，但須扣除應繳納之費用。

（二）無遺囑繼承

《統一繼承法》對無遺囑繼承的規定，分成普通法財產制州及共同財產制州兩類。2-102條規範普通法財產制州的無遺囑繼承：(1)如果死者沒有後裔（強調包括養子女）及父母，或所有死者的後裔均為存活配偶的後裔，而且無其他存活後裔，存活配偶可取得全部遺產；(2)如果死者沒有後裔，但有父母之一方存在，存活配偶可取得第一個二十萬，加上剩餘遺產的四分之三；(3)如果所有死者的後裔均為存活配偶的後裔，但存活配偶有一個或更多的非死者的後裔存活，存活配偶可取得第一個十五萬，加上剩餘遺產的一半；(4)如果死者有一個或更多的後裔非存活配偶的後裔，存活配偶可取得第一個十萬，加上剩餘遺產的一半[5]。

2-102A條規範共同財產制州的無遺囑繼承，它分成兩部分，一部分

---

[4]　Uniform Probate Code, §§ 2-201--2-213.

[5]　Uniform Probate Code, § 2-201.

是配偶的分別財產，其規定與上述規定完全一樣；另一部分則針對共同財產，其規定很簡單，只言明存活配偶有權取得共同財產的一半。換言之，如死者在共同財產州未立遺囑，存活配偶可以取得全部之共同財產[6]。

三、存活配偶可以選擇「無遺囑繼承」

　　有些州的繼承法未規定「法定比例」或「配偶選擇比例」，但規定存活配偶如不滿意遺囑分配或未被分配，可以要求法院以無遺囑繼承方式繼承死亡配偶之遺產。這種選擇權對共同財產制州的存活配偶特別具有道理，因為理論上而言，共同財產制的夫妻任何一方本來就擁有共同財產的一半，因此法律只需確保存活配偶可取得共同財產的一半，而無需制定「法定比例」或「配偶選擇比例」。因此，如死者在遺囑中將超過一半之共同財產遺贈他人，存活配偶可選擇放棄遺贈，而要求法院依無遺囑繼承方式處理遺產繼承。加州繼承法對存活配偶選擇權的規定正是這個類型的代表。

　　依據加州繼承法，當一方配偶死亡，共同財產的一半自動變成存活配偶的財產，另一半則屬於死者的繼承人，這包括所有在加州境內的財產，及夫妻婚後在非共同財產制州購買之財產（稱為「準共同財產」，quasi-community property）[7]。因此，如果夫妻之一方在加州境內死亡，而生前轉移財產時，既未取得對價，又未取得配偶的同意，轉移後還繼續保有該財產或從中收益，存活配偶就可以要求該財產的所有權人歸還財產的一半，或給付該財產一半的價值[8]。

（一）遺囑繼承

　　如果存活配偶不滿意死亡配偶的遺囑分配，可以要求法院以無遺囑繼承方式繼承死亡配偶之遺產。死亡配偶如在遺囑中未留下任何遺產給存

---

[6]　Uniform Probate Code, § 2-201A.

[7]　California Probate Code, §§ 100 &101.

[8]　California Probate Code, § 102.

活配偶，而夫妻二人結婚係在死亡配偶立遺囑之後，被遺漏的存活配偶依法可以申請繼承一半的共同財產及「準共同財產」，和三分之一或一半的分別財產（視子女人數及有無父母而定），但最多不得超過一半的分別財產。

但如有以下三種狀況之任何一種，存活配偶就不能取得上述遺產：(1)如從死亡配偶的遺囑中，可以明顯看到其不給配偶遺產係有意的；(2)或死亡配偶生前已轉移過財產給配偶，並表示該轉移財產即代表給配偶之遺產；(3)或存活配偶曾簽署過契約，同意未來放棄遺產[9]。

（二）無遺囑繼承

加州無遺囑繼承分成兩部分。有關共同財產及「準共同財產」部分，死者的一半共同財產及「準共同財產」將屬於存活配偶。有關分別財產，會有以下幾種狀況：

1.如果死者未留有任何子女、父母、兄弟或兄弟的子女，存活配偶即可繼承全部；

2.如果(1)死者留有一名子女，或該名子女已死亡但留下子女，或(2)死者沒有子女，但其父母二人或其中一人存活，或父母之子女存活，存活配偶則可繼承一半之分別財產；

3.如果(1)死者不只留有一名子女，或(2)死者留有一名子女及其他死亡子女的子女，或(3)死者留有二名以上死亡子女的子女，存活配偶只能繼承三分之一的分別財產[10]。

第三節　配偶得放棄法定繼承權

不論繼承發生在以上哪一類型的州內，存活配偶都可以放棄法定繼承權。這通常是因為該配偶在婚前或婚後曾經簽署協議書，同意放棄法定繼承權，而接受協議書中的分配。

----

[9]　California Probate Code, §§ 6560-6561.

[10]　California Probate Code, § 6401.

　　隨著離婚、再婚的普遍，美國很多較為富裕的人或為確保前次婚姻中子女的繼承權，或不願其個人財產規劃受到配偶法定繼承權的影響，會在婚前或婚後要求簽署協議書，決定一方死後及／或離婚時的財產分配。由於協議書是以契約取代夫妻二人原來在法律上應有的權利及義務，因此，它除需符合所有契約的要件，約定內容亦需符合社會公序良俗，而美國法院在審核協議書是否有效時，對這兩項條件要求頗為嚴格。

一、契約要件及內容

　　首先，大部分的州都要求協議書以書面為之，有些州還要求協議書必需經公證始生效力。其次，法院認為兩個即將結婚的人或夫妻關係十分親近，因此特別注意是否有一方被強迫簽署協議書。為證明簽署協議書的雙方都在有自由意志的情況下簽署，協議書應具備以下條件：

　　(一)全盤揭露：雙方必需在協議書中對其擁有之資產形態及價值作完整、全面的揭露；如一方有所隱瞞，可能造成協議書無效。

　　(二)公平及合理的分配：在協議書中，倘若經濟較差的一方能得到公平合理的分配，經濟較強的一方即使未作完整的揭露，法院也通常承認協議書的效力。

　　(三)獨立的諮詢：雖然並非每一州的法律均要求夫妻雙方一定要有各別律師，但為避免有一方被脅迫簽署的嫌疑，雙方應有各自獨立的律師。

二、契約內容

　　協議書除須具備契約要件，其內容亦是法院在決定有無法律效力的重要依據。以協議書約定一方配偶死亡時財產如何分配，一向比先行約定離婚時財產如何分配，較容易被法院接受，這或許是普通法的傳統原本就允許每一個人訂立遺囑處分自己的財產。只是自從有些州開始採行共同財產制，而幾乎所有州都賦予存活配偶「法定比例」、「配偶選擇比例」或「無遺囑繼承」的選擇權，法院對於契約內容是否違背公平原則的審核較以往更為嚴格。

第四節　配偶繼承選擇權分類

　　綜言之，美國各州繼承法雖不盡相同，夫妻財產制又分為普通法財產制及共同財產制兩種制度，但五十州目前在保障配偶繼承選擇權的制度方面，基本上可分成以下三大類。第一類是州法規定存活配偶，不論婚姻存續期間的長短，可以向法院申請依據該州的「法定比例」，繼承死亡配偶遺產的一定比例（大多為三分之一）。第二類是在採納《統一繼承法》為繼承法藍本的十八個州，存活配偶可以向法院申請依據婚姻存續期間的長短，取得死亡配偶遺產的一定比例，該比例被稱為「配偶選擇比例」。第三類是存活配偶可以選擇放棄依遺囑繼承，而向法院申請依「無遺囑繼承」方式繼承。唯一無法列入以上三類的州是路易西安納州，它一向採行大陸法系，因此與其他四十九州制度有所不同。

　　相較於我國繼承法中配偶的應繼分與特留分，美國配偶的繼承權複雜很多。即令兩國的繼承法截然不同，為使國內繼承法更能落實兩性平權，保障婦女權益，美國的相關法律或可作為民法繼承編修訂時的參考。

參考書目

Baer, Judith A. *Equality Under the Constitution: Reclaiming the Fourteenth Amendment.* Ithaca, NY: Cornell University, 1983.

Ball, Howard. *Courts ad Politics; The Federal Judicial System.* 2d ed. Englewood Cliffs, NJ: Prentice-Hall, 1987.

Barlett, K., and R. Kenndey. *Feminist Legal Theory.* Boulder, CO: Westview, 1991.

Barnes, Fred. *Spousal Elective Share Update* (Phil Hrenchir, 12/2001).

Benokraitis, Nijole V. and Joe R. Feagin. *Affirmative Action and Equal Opportunity: Action, Inaction, Reaction.* Boulder, CO: Westview Press, 1978.

Brandt, Elizabeth B. *Valuation, Allocation, and Distribution of Retirement Plans at Divorce, Where Are We?* 35 FAM. L.Q. 469 (2001).

Breckenridge, Adam Carlyle. *The Right to Privacy.* Lincoln: University of Nebraska Press, 1970.

Brenner, Saul and Harold J. Spaeth. *Stare Decisis: The Alteration of Precedent on the Supreme Court.* New York: Cambridge University Press, 1995.

Canon, Bradley C., and Charles A. Johnson. *Judicial Policies: Implementation & Impact.* 2d ed. Washington, DC: Congressional Quarterly, Inc., 1999.

Carter, Lief H. *Contemporary Constitutional Lawmaking: The Supreme Court and the Art of Politics.* Elmsford, NY: Pergamon Press, Inc., 1985.

Cogan, Neil H. *The Complete Bill of Rights: The Drafts, Debates, Sources & Origins.* New York: Oxford University Press, 1997.

Corwin, Edward S. *The Constitution and What it Means Today.* 14th ed. Revised by Harold W. Chase and Craig R. Ducat. Princeton: Princeton University Press, 1978.

David, Rene, and J.E.C. Brierly. *Major Legal Systems in the World Today: An Introduction to the Comparative Study of the Law.* London: Stevens and Sons, 1978.

Department of Labor Factsheet, www.dol.gov/dol/pwba/public/pubs/factsht1.ht

Fairman, Charles, and Stanley Morrison. *The Fourteenth Amendment and the Bill of Rights: The Incorporation Theory.* New York: Da Capo Press, 1970.

Feinman, Jay M. *Everything You Need to Know About the American Legal System.* New York: Oxford University Press, 2000.

Franklin, Bob. Ed. *The Rights of Children.* Oxford: Blackwell, 1986.

Friedan, Betty. *The Feminine Mystique*. New York: Dell. 1963.

Frug, Mary J. *Postmodern Legal Feminism*. New York: Routledge, 1992.

Garrow, David J. *Liberty and Sexuality: The Right to Privacy and the Making of Roe v. Wade*. New York: Macmillan, 1994.

Gelman, Bruce & Edward J. Mathis. *Pensions as Marital Assets: A Summary of the Issues*, 1 J. LEG. ECON. 22, 25 (1991).

Girdner, L.K. & Hoff, P.M., eds. 1993. Final Report: Obstacles to the Recovery and Return of Parentally Abducted Children. Washington, DC: American Bar Association Center on Children and the Law.

Harmon, M. Judd, ed. *Essays on the Constitution of the United States*. Port Washington, NY: Kennikat Press, 1978.

Hedeons, Lauren A. *Gestational Agreements in Texas: A Brave New World*, 57 Baylor L. Rev. 863.

Heumann, Milton. *Plea Bargaining: The Experiences of Prosecutors, Judges, and Defense Attorneys*. Chicago: University of Chicago Press, 1981.

Hudeons, Lauren A. *Gestational Agreements in Texas: A Brave New World*, 57 Baylor L. Rev. 863.

Jackson, Robert H. *The Supreme Court in the American System of Government*. Cambridge: Harvard University Press, 1955.

Jacob, Herbert, Erhard Blankenburg, Herbert M. Kritzer, Dorris M. Provine & Joseph Sanders. *Courts, Law and Politics in Comparative Perspective*. New Haven, CT: Yale University Press, 1996.

Jaggar, Alison M. & Paula S. Rothenberg. Feminist Frameworks, Alternative Theoretical Accounts of the Relations between Women and Men, Second Edition. McGraw-Hill, Inc. 1984.

Kandel, Randy Frances. *Family Law, Essential Terms and Concepts*. New York: Aspen Law & Business, 2000.

Krause, Harry D. *Family Law*. St. Paul, Black Letter Series, West Publishing Co., 2000.

Krauskopf, Joan M. & Sharon B. Seiling. *A Pilot Study on Marital Power as an Influence in Division of Pension Benefits at Divorce of Long Term Marriage*, 1996 J.Disp.Resol.169.

Launey, David V. & George V. Launey. *Valuation of Vested Pension Benefits in Divorce and Wrongful Death Actions: Using PBGC Tables*, 3 J. OF LEGAL ECON. 110 (1993).

MacKinnon, C. *Toward a Feminist Theory of the State*. Cambridge: Harvard University

Press, 1989.

Mashaw, Jerry L. *Due Process in the Administrative State*. New Haven: Yale University Press, 1985.

Melone, Albert P. *Researching Constitutional Law*. 2d ed. Prospect Heights: Waveland Press, Inc. 2000.

Millet, Kate. *Sexual Politics*. New York: Doubleday, 1977.

Mitchel, Juliet & A. Oakley, eds. *What is Feminism?* Oxford: Basil Blackwell, 1986.

Murphy, Paul L. *The Bill of Rights and American Legal History*. 20 vols. New York: Garland Publishing Inc., 1990.

National Conference of Commissioners on Uniform State Laws. *A Brief Review of the Uniform Probate Code*, http://www.nccusl.org/nccusl.

National Conference of Commissioners on Uniform State Laws. *A Few Facts about the Uniform Probate Code*, http://www.nccusl.org/nccusl.

New York Times, www.nytimes.com

Oakley, A. *Woman's Work: the Housewife Past and Present*. New York: Books, 1974.

Office of Juvenile and Delinquency Prevention, Office of Justice Programs, U.S. Department of Justice, http://ojjdp.ncjrs.org/

Parry, Ruth S., E. Broder, E. Schmitt, E. Saunders & E Hood, eds. *An Inquiry into the Legitimacy of Constitutional Policy-Making by the Judiciary*. New Haven: Yale University Press, 1984.

Prather, Susan J. *Characterization, Valuation and Distribution of Pensions at Divorce*, 15 J. AM. ACAD. MATRIM. L. 443, 445-46 (1998).

Regan, Michael D. & J. Sanzone. *The New Federalism*. 2d ed. New York: Oxford University Press, 1981.

Rhode, Deborah. *Justice and Gender*. Cambridge: Harvard University Press, 1989.

Richey, Jeremy J. *A troublesome Good Idea: An Analysis of the Illinois Gestational Surrogacy Act*, 30 S. Ill. U. L. J. 169

Rubin, Eva R. *The Supreme Court and the American Family: Ideology and Issues*. Westport, CT: Greenwood Press, Contributions in American Studies 85, 1986.

Ross, Susan C. *The Rights of Women*. 3d ed. New York: Avon Books, 1993.

Schichor, David & Delos J. Kelly, eds. *Critical Issues in Juvenile Delinquency*. Lexington, MA: Lexington Books, 1980.

Smith, Edward C. & Harold J. Spaeth. *The Constitution of the United States-With Case*

Summaries. 13th ed. New York: Barnes and Noble, 1991.

Snyder, Steven H. & Mary P. Byrn. *The use of Prebirth Parentage Orders in Surrogacy Proceedings*, 39 Fam.L.Q.633 (Fall, 2005).

Twining, William, ed. *Legal Theory and Common Law*. Oxford: Basil Blackwell, 1986.

Washburn University School of Law's website, http://www.washlaw.edu/uslaws/statelaw. html.

Weisberg, D. Kelly ed. *Applications. of Feminist Legal Theory to Women's Lives: Sex, Violence, Work, and Reproduction.* Philadelphia, Temple University Press, 1996.

_____ *Family Law, Second Edition*. The Emanuel Law Outlines Series, Aspen Publishers, 2008.

Weitzman, Lenore. *The Divorce Revolution: The Unexpected Social and Economic Consequences for Women and Children in America*. New York: The Free Press, 1985.

案件索引

法案索引

重要名詞索引

國家圖書館出版品預行編目資料

美國家事法／紀欣著. 一 二版. 一 臺北
市：五南, 2009.03
　　　面；　　公分.
　含索引
ISBN 978-957-11-5514-2（平裝）

1.親屬法 2.美國

584.952/4　　　　　　　97025239

1S64

美國家事法

作　　者 — 紀欣(442)

發 行 人 — 楊榮川

總 編 輯 — 龐君豪

主　　編 — 劉靜芬　林振煌

編　　輯 — 李奇蓁　廖凱蘋

封面設計 — P.Design視覺企劃

出 版 者 — 五南圖書出版股份有限公司

地　　址：106台北市大安區和平東路二段339號4樓

電　　話：(02)2705-5066　傳　真：(02)2706-6100

網　　址：http://www.wunan.com.tw

電子郵件：wunan@wunan.com.tw

劃撥帳號：01068953

戶　　名：五南圖書出版股份有限公司

台中市駐區辦公室/台中市中區中山路6號

電　　話：(04)2223-0891　傳　真：(04)2223-3549

高雄市駐區辦公室/高雄市新興區中山一路290號

電　　話：(07)2358-702　傳　真：(07)2350-236

法律顧問　元貞聯合法律事務所　張澤平律師

出版日期　2002年5月初版一刷
　　　　　2009年3月二版一刷

定　　價　新臺幣350元